herzlich
Petrus

Das Letzte muss ja nicht das Letzte sein

Petrus Ceelen

Das Letzte

muss ja nicht das Letzte sein

Copyright © 2023 Petrus Ceelen

Umschlagbild und Illustrationen: Karl Bechloch

Veröffentlicht durch:
Dignity Press
16 Northview Court
Lake Oswego, OR 97035, USA

ISBN 978-1-937570-90-3

Mehr zum Buch: www.dignitypress.org/dasletzte

Gedruckt auf Papier aus nachhaltiger Forstwirtschaft, siehe
www.ingramcontent.com/publishers/resources/environmental-responsibility

Für
Josef Rüssmann
21.2.1942 – 3.8.2023

Mein Weggefährte in der Gefangenenseelsorge
Text zur Abschiedsfeier Seite 126

und

Zum Gedenken an
Birgit Kuhn
18.8.1954 – 30.8.2023

Bestatterin war ihre Berufung.
Hunderte Trauerfeiern haben wir zusammen gestaltet.
Mein Nachruf Seite 123

Inhalt

Vorwort 11

Aufstehen 13
Aufstand 14
Klatsch 15
Auf Raten 16
In vino veritas 17
Ein Augen-Blick 18
Nur anders 19
Menschwerdung 20
Wer selbst 21
Einfühlendes Verständnis 22
Berufung 23
Frau Dr. Geier-Fuchs 24
Aus der Haut 27
Kopf und Kragen 28
Mutter Kirche 29
Katholisch & Co. 30
Trost 32
Ab und zu 33
Aber-gläubisch 34
Gott? 35
Gebetsmaschine 36
Zum letzten Mal 37
Das waren noch Zeiten 38
Das liebste Kind 40
Kostbar 41
In der ersten Reihe 42
Näher 43
Viel Spaß 44
Wie geht's? 45

Willkommen im Shop	46
Machen	47
Was du nicht sagst	48
In die Tiefe	49
Liebe	51
Muss ja nicht	52
Ruhepausen	53
Nebel Mist	54
Stillschweigend	55
Dem Körper sei Dank	56
Denk weise	58
Wieso? Woher? Warum?	59
Die großen Fragen	60
Licht im Dunkel	61
Manchmal auch zwei	62
Zum Glück	63
Wettern	64
Menschenrecht	65
Auf der Suche	66
Sinn	67
Der Weg ist das Ziel	68
Sicher	69
Auf Augenhöhe	70
Weniger	71
Sünde	72
Schuld	74
Gescheitert	75
Der Herr	76
Mond	77
Kinder glauben	78
Spinnen	79
Eines Tages	80
Quatre vingt	81
Hochbetagt	84

Mein Krebs	85
Von Fall zu Fall	86
Pro Seniore	87
Robi, Mohrle	88
Vergessen	89
Vielsagend	90
Trösten, wie geht das?	91
Angenommen	94
Du, ja du	96
Das Jawort	97
Mein Engel	98
Hoffnung	99
Dennoch	100
Open End	101
Nach wie vor	102
Auf gut Deutsch	103
Eine schöne Leiche	104
Eine saubere Sache	105
Im letzten Augenblick	106
Post mortem	108
Ich doch nicht	109
Gabe und Rückgabe	110
Gelassen	111
Das Letzte	112
Letzte Worte	113
Das letzte Lied	114
Immer jetzt	117
Wenn ich doch nur wüsste	118
Über den Tod hinaus	120
Neugierig	121
Gegen Sätze	122
Liebe Birgit!	123
Josef Adieu	126

Vorwort

Seit dreißig, vierzig Jahren
schreibe ich mein letztes Buch.

Denkzettel war mein allerletztes,
dann musste *Dankzettel* noch daran glauben.

Was ich Euch noch sagen wollte,
sollte aber das allerletzteste gewesen sein.

Bis Marliese, eine treue Leserin mir sagte:
„Das Letzte muss ja nicht das Letzte sein."

Seitdem bin ich wieder schwanger,
wie damals bei meinem ersten Kind.

Es kam 1978 im Knast zur Welt
und hieß: *Hinter Gittern beten*.

Eine Sprechhilfe für das Gespräch
mit Gott im Gefängnis.

Heute hält das Handy uns gefangen,
zwischen Bildschirmen schauen wir uns an.

Wir sehen uns selten richtig,
von Mensch zu Mensch an.

Und immer noch suche ich nach Worten,
um was eigentlich zu sagen?

Das Leben ist ein großes Geheimnis,
wir werden es nie ganz begreifen.

Lieben, leiden, lachen, lernen.
Leben leben – bis zuletzt.

Mein Leben schreibt
einmal mehr mein letztes Buch.

Das Letzte muss ja nicht das Letzte sein,
und der Tod nicht das Ende.

Schauen wir mal,
dann sehen wir schon.

Euer Petrus.

*Im Anfang war das Wort,
am Ende hat die Frau das letzte Wort.*

Das Letzte muss ja nicht das Letzte sein.

Aufstehen

Der Hahn, das Angelusläuten,
der Wecker, das alles war einmal.

Heute hat jeder seinen eigenen Sound,
um aus dem Schlaf geweckt zu werden.

Aber Aufstehen ist mehr
als morgens aus dem Bett zu kommen.

Es geht um den Einstieg in den Tag,
das wachsam werden für die Welt.

Kaffee, Duschen, Joggen genügen nicht,
um in den neuen Tag zu gehen.

Es braucht einen wachen Geist
für die kleinen Wunder des Alltags.

Hören wir den Weckruf des Lebens
und stehen aufgeweckt auf.

Jeden Tag neu!

*Was hilft aller Sonnenaufgang,
wenn wir nicht aufstehen!*
Georg Christoph Lichtenberg

Aufstand

Stehen wir auf
gegen die Trägheit des Herzens,
gegen die soziale Kälte unter uns.

Stehen wir auf
gegen die Moralapostel um uns,
die empört den Zeigefinger erheben.

Stehen wir auf
gegen den Pharisäer in uns,
der selbstgerecht über andere urteilt.

Stehen wir auf,
sagen wir laut und deutlich Nein,
wo alle nur Ja nicken.

Stehen wir auf,
treten wir dem Zeitgeist
entschieden entgegen.

Stehen wir auf,
lasst uns den Aufstand wagen
und Widerstände überwinden.

*So VIEL ist gewonnen,
wenn nur EINER aufsteht und NEIN sagt.*

Bert Brecht

Klatsch

Auch wenn nichts dran ist,
es bleibt immer etwas hängen
von einem Gerücht:
der schlechte Geruch.

Das Ganze ist frei erfunden,
aber es gibt immer Leute,
die Gefallen finden
an übler Nachrede.

Ein wenig Klatsch genügt,
um einen Menschen
an die Wand zu klatschen
und ihn mundtot zu machen.

Wer das Geschwätz verbreitet
und schlecht über andere redet,
lenkt von sich selber ab,
um besser dazustehen.

Armes Würstchen!

Was der eine vermutet,
wird vom anderen behauptet
und der dritte legt noch eine Schippe drauf.
Schnell ist das Grab geschaufelt.

Auf Raten

Sie betäuben sich
mit Tabletten,
um ihren Schmerz
nicht mehr zu spüren.

Sie dröhnen sich
mit Drogen zu,
um den Druck
wegzudrücken.

Sie trinken sich
zu Tode,
um ihren Kummer
zu ertränken.

Sie nehmen sich
das Leben,
begehen Suizid
auf Raten.

Ratlos, hilflos
die Angehörigen,
sie gehen meist
mit zugrunde.

*Keine Macht den Drogen
steht auf dem T-Shirt
über dem Bierbauch.*

In vino veritas

Wir werden der Wahrheit
erst nach ein paar Gläsern gewahr.
Die Zungen lockern sich
und wir plaudern Dinge aus,
die wir nüchtern geheim halten.

Zur Wahrheit gehört auch,
dass wir die wahre Menge verharmlosen
mit netten Verniedlichungen:
Gläschen, ein paar Tröpfchen, Fläschchen,
nur noch ein winzig kleines Schlückchen.

Und wenn dann zu guter Letzt
alle Flaschen leer sind
und wir schön voll,
haben wir doch nur einen
über den Durst getrunken.

Auch der Herr Richter
mit reich gefülltem Rotweinkeller
hat verdächtig viel Verständnis
für Alkoholsünder im Straßenverkehr,
bei Kiffern kennt er keine Gnade.

Jesus war wahrlich kein Kostverächter,
machte er doch aus Wasser Wein.
Ein wahres Wunder,
wie Beeren, Boden, Sonne, Regen
sich in geschmackvollen Wein verwandeln.

So sind auch wir Menschen
von einer inneren Kraft beseelt,
die uns aus der Crux mit dem Kreuz
noch ein Plus machen lässt.
Wie wahr. In vino veritas.

Wein saufen ist Sünde.
Wein trinken ist beten.
Lasset uns beten.

Theodor Heuss

Ein Augen-Blick

Wir sehen vieles. Vieles sehen wir nicht.
Wir schreiten immer weiter vorwärts,
aber wo bleibt der Mensch?

Halten wir einen Augenblick inne
und schauen wir uns an –
einen Augen-Blick.

Wer den Menschen im Blick hat,
sieht Gott und die Welt
mit anderen Augen.

*Sehe ich den anderen mit seinen Augen,
sehe ich ihn mit anderen Augen.*

Nur anders

Homo, Hetero, Gender.
Jeder ist ein Mensch.

Anders ist anders,
nicht besser, nicht schlechter,
nur anders.

Christ, Muslim, Jude.
Jeder ist ein Mensch.

Anders ist anders,
nicht besser, nicht schlechter,
nur anders.

Afrikaner, Inder, Chinese.
Jeder ist ein Mensch

wie du und ich.

In Bangladesch, im letzten Dorf, ohne Strom, ohne Wasser, kam eine Frau zu mir, die noch nie einen Weißen gesehen hatte. Sie hatte gehört, dass ich da war. Zuerst rubbelte sie an meinem Arm, um zu sehen, ob denn meine weiße Farbe abgehe. Dann setzte sie sich vor mich hin, schaute mich mindestens zehn Minuten lang an, dachte nach und sagte schließlich: „Amra schobai manusch" – Wir sind alle Menschen!

Eine Entwicklungshelferin

Menschwerdung

Wenn wir das Leben miteinander teilen,
miteinander lachen und weinen,
werden wir mehr und mehr Mensch.

Wir kamen zwar als Menschen zur Welt,
verhalten uns vielfach unmenschlich,
ohne Mitgefühl.

Mitfühlen, mitleiden, mitweinen,
mitgehen bis zur großen Grenze –
macht uns zu wahren Mitmenschen.

Durch das Miteinander und Füreinander
werden wir gütiger, milder, weiser,
menschlicher.

Es ist die Menschlichkeit,
die uns auszeichnet,
wahre Größe verleiht.

Wie schön,
wenn wir am Ende eines Lebens
von jemandem sagen können:

„Was für ein Mensch!"

*Das schönste Denkmal,
das ein Mensch bekommen kann,
steht im Herzen der Mitmenschen.*

Albert Schweitzer

Wer selbst ...

Wer selbst gelitten hat,
kann mit anderen mitleiden.

Wer selbst schon in Not war,
kann Notleidenden beistehen.

Wer selbst schon im Loch saß,
kann andere aufrichten.

Wer selbst schon am Abgrund stand,
kann Verzweifelte verstehen.

Wer selbst schon einmal gestorben ist,
kann anderen aus ihrem Grab verhelfen.

Nur der verwundete Arzt kann heilen.

Einfühlendes Verständnis

„Wie geht's uns denn?",
fragt die Krankenschwester,
wenn sie morgens ins Zimmer kommt.

Und die Altenpflegerin:
„Jetzt lege ich Ihnen das Pamperhöschen an
und dann können Sie es laufen lassen."

Worten nachspüren,
ein Gespür bekommen für das,
was Worte anrichten.

Wie würde das, was ich diesem Menschen
hier und jetzt sage, bei mir ankommen,
wenn ich in seiner Lage wäre?

Mit den Ohren des anderen hören,
mit seinen Augen sehen,
sich in ihn einfühlen.

Mitgefühl zeigen,
auch durch körperliche Nähe,
Hautkontakt berührt.

Und sei es nur mit den Fingerspitzen.
Fingerspitzengefühl.
Die Kunst des Berührens.

Wer fühlt, was er sieht,
tut, was er kann.

Berufung

Krankenschwester.
Den Kranken
eine Schwester sein.
Kein Job. Berufung!

Höre den inneren Ruf
des Himmels in dir.
Und ergreife den Beruf,
zu dem du berufen bist.

Deine Berufung ist es,
du selbst zu sein.
Dazu hat Gott dich
ins Leben gerufen.

Und oftmals, da fragt man mich, ob ich nichts Vernünftiges fände.
Aber – ich hab auch schon 100 Jahre alte Hände gehalten und
berührte Legendenhaut. Hab in erleichterte Gesichter und
dankbare Augen geschaut.
Ich hab die letzten Szenen großer Menschen gesehen und durfte
mit den Kleinsten die ersten Schritte gehen. Mal hörte ich den
allerersten Lebensschrei, und mal war ich beim letzten Atemzug
dabei.
Ich sah wie Menschen heilten – von außen und von innen –
und konnte mit ihnen Schlachten gegen die Krankheit gewinnen.

Leah Weigand „Ungepflegt"

Frau Dr. Geier-Fuchs

Alles fing damit an, dass ich das Programmheft der Volkshochschule durchblätterte. Kurse für Kochen, Malen, Meditieren, Gehirn-Jogging, Bach-Blüten-Tänze, Fastenkurse und dann die vielen Sprachkurse. Chinesisch für Anfänger, Russisch für Fortgeschrittene, Deutsch für Ausländer ... Und auf der letzten Seite: Deutsch für Deutsche. Keine Rechtschreibung, keine Grammatik, ein tierischer Kurs. Dozentin: Frau Dr. Gertrud Geier-Fuchs. Kurz entschlossen meldete ich mich an.

In der ersten Stunde kam Frau Doktor Geier-Fuchs mit einem Sack herein und sagte: „Liebe Tierfreunde! Sie haben alle schön brav die Kursgebühr überwiesen, ohne zu wissen, um was es hier eigentlich geht. Sie haben die Katze im Sack gekauft. Ihnen ergeht es so wie dem unachtsamen Käufer auf dem Markt, dem man anstelle des bezahlten Ferkels, Hasen oder Kaninchens eine wertlose Katze in den Sack gesteckt hatte. Ich lasse jetzt die Katze aus dem Sack und sage klipp und klar, dass Sie hier nichts lernen – außer Tierischem. Wenn heute jemand sagt, er möchte keine Katze im Sack kaufen, spielt er damit auf die sogenannten Probenächte an. So heißt es auch in der Literatur: ‚Warum ziehst du nicht die Hosen aus, Süßer – man kauft nicht gerne die Katze im Sack.'" Die ganze Stunde spielte Frau Doktor Geier-Fuchs Katz und Maus mit uns. Zum Schluss sagte sie: „Sie brauchen nächstes Mal nicht wiederzukommen. Aber dann war die Kursgebühr für die Katz."

Die nächste Stunde begann mit einer Übung. Jeder sollte seinem Nachbarn den Vogel zeigen. Meine Nachbarin fand das gar nicht lustig und fragte, ob ich einen Vogel habe. „Wenn Sie meinen", antwortete ich, „aber Sie haben wohl eine Meise." Da sagte die mir doch: „Sie haben wohl nicht alle Tassen im Schrank." Zum Glück schaltete sich Frau Doktor Geier-Fuchs ein und wies meine Nachbarin zurecht. „Sie sind zu weit gegangen. In diesem Kurs geht es ausschließlich um Tierisches. Früher glaubten die Menschen, dass Geistesgestörtheit durch Tiere verursacht wird, so auch durch Vögel, die im Gehirn nisten. Sie hätten also sehr wohl zu Ihrem Nachbarn sagen können: ‚Sie haben Mäuse im Kopf. Oder Sie haben Grillen im Kopf!'" Alle lachten laut. Ich fand es gar nicht lustig und sagte zu Frau Doktor Geier-Fuchs: „Jetzt haben Sie den Vogel abgeschossen." „Das ist richtig", antwortete sie, „aber wissen Sie auch, woher das kommt?" Ich war wütend: „Bei Ihnen piept's wohl?! Weiß der Kuckuck, woher das kommt!" Da fuhr Frau Doktor Geier-Fuchs mich an: „Zum Kuckuck nochmal. Ich lasse mich von Ihnen hier nicht zur Schnecke machen. Mein lieber Schwan! Merken Sie sich das: ‚Ich bin hier die Dozentin und als solche kann ich mich nicht wie eine Schnecke in ihr Haus verkriechen. Meine Aufgabe ist es, das Tier im Menschen herauszufordern und es zur Sprache zu bringen.' Und ich sage Ihnen: ‚Ich werde zum Tier, wenn ich die Beherrschung verliere.'" Oh Gott, wenn die die Sau herauslässt, dachte ich. Als ob Frau Doktor Gedanken lesen könnte, fuhr sie fort: „Immer, wenn die Straßen der Dörfer und Städte voller Müll waren - man warf damals einfach alles vor die Tür - wurden die Schweine rausgelassen, damit diese den ganzen Müll fraßen und somit den Müll beseitigten. Es gibt saustarke Redensarten um das Schwein. Schwein gehabt, sagen wir, wenn trotz widriger Umstände alles noch mal gut ging oder ein Mensch ohne eigenes Zutun Glück hatte. Im Mittelalter war es üblich, dem schlechtesten Schützen bei Wettkämpfen als Trostpreis ein Schwein zu schenken. Das führte er zwar unter Spott nach Hause, aber es war seins und in Notlagen besonders wertvoll. In der nächsten Stunde saß ich da wie ein begossener Pudel und hatte einen Frosch im Hals. Weiß der Geier warum. Meine Nachbarin, Frau Vogel mit der Meise hatte sich weit weg von mir gesetzt und auch die anderen Kursteilnehmer gaben in meinem Beisein keinen Pieps von sich. Zu Beginn der Stunde fragte Frau Doktor Geier-Fuchs mich tierisch ernst, wie ich mich denn fühle. Ich sagte: „Ich bin hier das schwarze Schaf der Gruppe." Und woher kommt das?, wollte sie wissen. „Aus der Bibel", antwortete ich. „Im 1. Buch Mose heißt es: ‚Ich will heute durch alle deine Herden gehen und aussondern alle gefleckten und bunten Schafe und alle schwarzen Schafe.'" Sichtlich beeindruckt fragte Frau Doktor Geier-Fuchs: „Sind Sie vielleicht Theologe? Oder Pastor, also Schafhirte?" Ich schweige, bleibe stumm wie ein Fisch. „Jetzt seien Sie nicht so und lassen

Sie sich nicht jeden Wurm aus der Nase ziehen." sagte Frau Doktor Geier-Fuchs und fuhr gleich weiter: „Früher glaubte man, dass die Krankheiten von wurmförmigen Dämonen verursacht wurden. Auf den Jahrmärkten behaupteten Quacksalber, Schwermütige dadurch heilen zu können, dass sie ihnen die Würmer durch die Nase aus dem Gehirn zogen." Mein Gott, wie die Frau Doktor mich wurmte! Dabei war sie eigentlich nur eine graue Maus. Ich aber war das schwarze Schaf. Mit verbiesterter Miene sagte Frau Doktor Geier-Fuchs zu mir: „Was manche Pastoren und Gottgelehrten nicht wissen: In einer Schafherde sind die schwarzen und die gefleckten Schafe weniger erwünscht, weil man einheitlich weiße Wolle gewinnen möchte, die sich bei weiterer Verarbeitung nach Wunsch verwerten lässt." Ich war nahe dran, ihr die Hörner zu zeigen, aber ich hatte keinen Bock, mich mit so einem Schafskopf in die Wolle zu kriegen. Frau Doktor Geier-Fuchs zeigte mir die Krallen, aber ich blieb ruhig wie ein Lamm, das zur Schlachtbank geführt wird. Ich dachte nur: Diese blöde Ziege, diese dumme Kuh, diese doofe Gans mit ihrem Geschnatter.

In der letzten Stunde fragte mich Frau Doktor Geier-Fuchs, ob mir eine Laus über die Leber gelaufen sei. „Ich habe keine Flöhe", sagte ich. „Das ist doch zum Mäusemelken", schrie sie. „Und Sie, Sie machen aus einer Mücke einen Elefanten!" gab ich zurück. „Keine zehn Pferde bringen mich dazu, hier auch nur noch eine Minute länger zu bleiben. Was Sie hier von sich geben, geht auf keine Kuhhaut!" „Und wissen Sie auch, woher das kommt?" fragte mich die dumme Kuh Frau Doktor. „Im Mittelalter dachte man nämlich, dass der Teufel eine Liste mit den Sünden jedes Menschen besitze, um sie ihm beim jüngsten Gericht vorzuhalten. Er schrieb sie auf Pergament und das wurde aus Ziegen- oder Kuhhaut hergestellt. Und es müssen schon ganz viele Sünden sein, wenn sie nicht einmal auf einer Kuhhaut Platz finden." „O Gott, sei mir Sünder gnädig!", dachte ich und schlug die Tür hinter mir zu.

Du dumme Sau, blöder Ochse, aufgeblasener Affenarsch.
Tierische Redensarten sind oft nicht artig.

Aus der Haut

Um dich kennen zu lernen,
brauchst du nur
aus der Haut zu fahren.

Einmal außer dir,
erfährst du so ganz nebenbei,
was an Sprengstoff in dir steckt.

Wenn du wieder zu dir kommst,
ist dir ziemlich unwohl
in deiner Haut.

Bevor du das nächste Mal
aus der Haut fährst,
geh erst einmal in dich.

Und schau dich in Ruhe
von *der* Seite an,
die auch zu dir gehört.

Wer vor Wut kocht,
kann sich ganz schön die Zunge verbrennen.

Kopf und Kragen

Als Wassermann,
mit allen Wassern gewaschen,
pflege ich zu sagen:
„Kopf hoch,
wenn der Hals auch dreckig ist!"

Wer Dreck am Stecken hat,
kann sehr wohl ein Hochwürden sein,
ein Bischof oder Kardinal,
der seinen Kopf in den Sand steckt
und seine Hände in Unschuld wäscht.

Erschreckend die Doppelmoral
der Moralapostel und Saubermänner
mit dem römischen Kragen.
Sie lehren, wie wir zu leben haben
und zerstören selbst zahllose Leben.

Kirchenfürst Zollitsch, mit dem Kreuz auf der Brust und mit dem Bundesverdienstkreuz ausgezeichnet, ist nur einer der „Täterorganisation". Auch Rainer Maria Kardinal Woelki, Friedrich Wetter, Reinhold Marx sind nicht sauber. Kardinal Meissner, Lehmann, Volk und andere kirchliche Größen ruhen nach ihrem Tod in der Bischofsgruft, wo Gläubige vor ihnen niederknien. Schließt die Bischofskrypta! Die Hochwürdigsten Herren gehören auf dem Gottesacker, auf einer Ebene mit ihren Opfern begraben. Ihnen haben sie unsägliches Leid zugefügt, indem sie die Verbrechen vertuscht, Täter versetzt, Akten vernichtet haben.

Petrus Ceelen in dem Zeitungsartikel: Bätzing distanziert sich von Zollitsch. Ludwigsburger Kreiszeitung 24. April 2023

Mutter Kirche

Mutter Kirche hat
ein Herz für die Mühseligen
und Beladenen.
Den verlorenen Sohn
verstößt sie nicht.

Mutter Kirche verleiht
ihrem Sohn die Vollmacht,
auch die schwersten Sünden
zu vergeben und selbst
dem Mörder zu verzeihen.

Aber wehe dem Priester,
der eine andere liebt!
Er fällt für immer in Ungnade
bei der gnädigen Frau
Mutter Kirche.

Wenn ein Priester heiratet,
verliert er sein Amt.
Wenn er Kinder missbraucht,
wird er versetzt.

Katholisch & Co.

Verwitwet
klingt besser
als geschieden.

Rollator
klingt milder
als Mumienschubse.

Orangenhaut
klingt gnädiger
als Dellen-Desaster.

Gicht
klingt sachlicher
als verkalkt.

Psychiater
klingt professioneller
als Hirnschlosser.

Proktologe
klingt gehobener
als Arschklempner.

Leibwind
klingt poetischer
als Pups.

Gefängnispfarrer
klingt seriöser
als Himmelskomiker.

Katholisch
klingt frommer
als frauenfeindlich.

Grau
klingt charmanter
als friedhofsblond.

Das Chörle
klingt niedlicher
als der Leichenchor.

Verbalschmuser
klingt origineller
als Schwätzer.

Wortdurchfall
klingt schonender
als Scheiße labern.

*Gülle Hülle
klingt auch nicht besser
als Kacke Packe,
aber besser
als Scheiß Windeln.*

Trost

Im Wald
findet sie Trost –
der Trost der Bäume
und all das Grün.

Auf dem Friedhof
findet sie Trost –
die kleinen Lichtlein,
die Totenruhe.

In der Kirche
findet sie Trost –
Denn da spürt sie,
du bist nicht allein.

Im Freibad
findet sie Trost –
braucht sie doch nur
manch andere zu sehen.

„Meine Frau hatte Bauchspeicheldrüsenkrebs. Immer war jemand von uns bei ihr. Sie war nie allein. Und dann kam immer noch ihre Katze und legte sich genau auf die Stelle, wo es ihr wehtat. Meine Frau hat ihre Mimi gestreichelt und ist mit der Katze auf dem Bauch ganz selig eingeschlafen. Und nach ihrem Tod kommt Mimi immer wieder zu mir und lässt mich ihre Nähe spüren. Und beim Essen setzt sie sich auf ihren leeren Platz, als wolle sie die Lücke schließen."

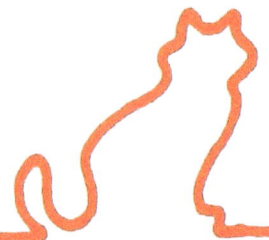

Ab und zu

Meine Pflanzen
tun mir gut.

Mein Hund
versteht mich.

Meine Katze
tröstet mich.

Doch ab und zu
brauche ich einen Menschen,
der mich in den Arm nimmt.

*Der Mensch lebt
nicht von Brot allein,
ab und zu braucht er
ein süßes Stückle
mit Sahne.*

Aber-gläubisch

Ich falte die Hände
und bitte Gott um Hilfe.
Das bringt doch nichts,
erklärst du mir
und drückst mir die Daumen.

Ich bedanke mich
bei meinem Schutzengel.
Du schüttelst den Kopf
und klärst mich auf:
Schwein gehabt.

Die Aufgeklärten,
die klar und vernünftig denken,
halten nichts vom Glauben,
sind selbst aber gläubig.
Abergläubisch.

Statt die Daumen zu drücken,
dreht er Däumchen.
Statt toi – toi – toi,
sagt er hoi – hoi – hoi.
Statt auf Holz zu klopfen,
klopft er sich auf die Schulter:
Zum Glück bin ich nicht so bekloppt
wie die anderen.

Gott?

Gott klingt
wie eine Antwort,
vielmehr aber ist er
eine Frage.

Viel mehr noch ist er
die Frage aller Fragen.
Wer ist Gott? Was ist er?
Wo ist er in dieser Welt?

Wo war er,
als er nicht da war?
Warum bekommen wir
keine Antwort?

Seit Menschen leben,
fragen sie nach Gott,
dem ganz großen
Fragezeichen.

Fraglich,
ja nichtssagend
alles, was wir
über Gott sagen.

Was du begreifst, ist nicht Gott.
Si enim comprendis, non est deus.

Augustinus

Gebetsmaschine

Saugroboter, Gelenkroboter,
Milchroboter, Industrieroboter.
Und nun auch noch ein Robi,
der für dich mit Gott spricht.

Die Himmelsmaschine betet,
wie es kein Mensch kann,
ohne nach Worten zu suchen,
am laufenden Band.

Celeste, die Himmlische,
hat es gar nicht nötig,
die Hände zu falten
oder in die Knie zu gehen.

Das Teufelsding nimmt dir
das persönliche Gespräch
mit Gott ab und gibt dir
seinen Segen.

*Der Segensroboter der evangelischen Kirche
spricht den Segen in sieben Sprachen.
Tausende Menschen haben sich
von der Maschine schon segnen lassen.
BlessU-2, du sollst ein Segen sein?*

Zum letzten Mal

Der letzte Gottesdienst
in einem entweihten Gebetshaus.
Die Kirche wird verkauft.

Zum letzten Mal läuten die Glocken.
Zum letzten Mal ertönt die Orgel.
Zum letzten Mal das Vaterunser.

Zum letzten Mal das Schlusslied:
Großer Gott wir loben Dich.
Zum letzten Mal die letzte Strophe.

Zum letzten Mal die letzte Zeile:
Auf dich hoffen wir allein,
lass uns nicht verloren sein.

Die Orgel gibt den letzten Ton von sich.
Zum letzten Mal ziehen die Gläubigen
aus der Kirche aus.

Der Letzte macht das Licht aus.

Ein Haus voll Glorie schauet,
wie es in einen Supermarkt verwandelt wird,
von Gottes Meisterhand erbauet,
das Fitnesscenter, die Kreissparkasse-Kirche

Das waren noch Zeiten

Das waren noch Zeiten,
als der Samenspender
noch der eigene Papa war
und die Mama
keine Leihmutter brauchte.

Das waren noch Zeiten,
als wir glaubten,
es gibt Jungs und Mädchen
und wir noch nicht wussten,
dass manche beides sind.

Das waren noch Zeiten,
als Lehrer und Lehrerinnen
noch nicht Lehrkräfte hießen
und der Mohrenkopf
noch kein Schokokuss war.

Das waren noch Zeiten,
als die Kinder selbst noch
in die Kita gegangen sind
und Helikopter Flugzeuge
waren und keine Eltern.

Das waren noch Zeiten,
als wir uns selbst
alles beibringen mussten
und man Spatz
noch mit i geschrieben hat.

Berufsverbot für Samenspender

Der eifrige Spermaspender Jonathan M. aus Den Haag darf mit seinem Samen keine Kinder mehr zeugen. Tut er es dennoch, so muss er für jedes Kind ein Bußgeld von 100000 Euro zahlen, urteilte ein niederländisches Gericht. Der Fall mutet bizarr an: Jonathan ist bereits Vater von mindestens 550 Kindern. Der 41-jährige Niederländer betätigte sich als professioneller Spender. Bekannt ist, dass sein Sperma in den Niederlanden bei elf Samenbanken aufbewahrt wird. Außerdem soll es in Belgien, Dänemark und in den USA hinterlegt sein. Ferner bot er sein fruchtbringendes Gut auch über das Internet in einschlägigen Foren an und verkaufte es persönlich an Frauen. Doch jetzt klagten 15 Mütter, die mit Jonathans Hilfe schwanger geworden waren. Unterstützung fanden sie bei der „Stichting Donorkind" (Stiftung Spenderkind). Ihr Vorwurf: Die Rechte der Spenderkinder würden ignoriert. Jonathans florierender Handel mit dem eigenen Sperma sei gefährlich für die psychosoziale Gesundheit der Kinder. Sie könnten emotionale Probleme bekommen wie Frustration, Eifersucht, Angst vor Inzest. Es bestehe eine biologische Gefahr, wenn Kinder, die nicht wüssten, dass sie denselben Vater haben, eine Beziehung eingingen, es bestehe die Gefahr ungewollten Inzests. Der Anwalt Jonathans hingegen erklärte: „Mein Mandant hat ein Recht, neues menschliches Leben zu zeugen." Jonathan befleißige sich guter Kontakte zu vielen seiner Kinder. Sie seien eine große Familie. „Mein Mandant war sogar bei vielen Geburten und bei Taufen seiner Kinder anwesend." Jonathan sagte während der Gerichtsverhandlung: „Ich bin kein geiler Stier. Ich will Frauen helfen, ein Kind zu bekommen." Er handle aus christlicher Nächstenliebe. Das allerdings bleibt ihm künftig verwehrt.

Stuttgarter Zeitung 2. Mai 2023

Das liebste Kind

Wir haben
mehr Parkhäuser
als Spielplätze.

Wir haben
mehr Garagen
als Kinderzimmer.

Wir haben
mehr Autos
als Kinder.

Wir haben
immer mehr Kinder,
die nicht das liebste Kind sind.

Ulrich trifft seinen Vater bei einer ausgedehnten Autowäsche. „Weißt du", erklärt der Vater, „die anderen machen mir das nicht sorgfältig genug. Der Wagen ist für mich eine wertvolle Kapitalanlage. Da muss man schon etwas Zeit und Mühe drauf verwenden."
„Bin ich eigentlich keine wertvolle Kapitalanlage", fragt Ulrich. „Wieso?" – „Weil du nie Zeit für mich hast."

Kostbar

Du kannst deinen Kindern,
die schon alles haben,
etwas schenken,
was ihnen fehlt:
deine Zeit.

Du kannst von einem Bettler,
der am Boden hockt,
etwas bekommen,
was dich erfreut:
sein Lächeln.

Du kannst von einem Menschen,
der im Hospiz liegt,
etwas erhalten,
was dir hilft:
Humor.

Du kannst von einem Toten,
der in der Urne ist,
etwas kriegen,
was du bist:
Staub.

*Menschen mit leeren Händen
haben mir am meisten gegeben.*

In der ersten Reihe

Wir halten das Sterben
von unseren Kindern fern
und lassen sie den Tod
von ganz nahe erleben.

Wir halten unsere Kinder
von der Beerdigung fern
und lassen sie täglich
in der ersten Reihe sitzen,
Mord und Totschlag ausgesetzt.

Mit 14 Jahren hat ein „normales" Kind bei uns 18000-mal gesehen, wie Menschen erschossen, erstochen, erschlagen, erwürgt werden. Das heißt: 3-mal täglich.

Für Risiken und Nebenwirkungen schauen Sie auf das Gesicht ihres Kindes oder fragen Sie Ihren Seelenarzt oder Jugendpsychiater.

Näher

Ich gehe ans Grab meiner Mutter.
Dort bin ich ihr näher,
näher als wenn ich an sie denke.

Ich streichle meine Katze.
So komme ich mir näher,
näher als wenn ich mich kämme.

Ich höre meinen Namen.
Das bringt mich mir näher,
näher als wenn ich ihn nenne.

Ich singe ein Danklied.
So ist Gott mir näher,
näher als wenn ich zu ihm bete.

*Eine Nahtoderfahrung
bringt mich dem Leben näher,
näher als eine Lebenserfahrung.*

Viel Spaß

Meine Schwiegermutter hat heute Geburtstag.
Na dann, viel Spaß.

Da gibt es nichts zu lachen.
Versteht sie denn keinen Spaß?

Du kennst meine Schwiegermama nicht.
Mit ihr ist wohl nicht zu spaßen.

Ich kann dir sagen ...
Spaß beiseite: Warum gehst du denn hin?

Weil meine Frau sonst durchdreht.
Und da hört der Spaß dann auf.

Es ist ein Drama, kann ich dir sagen.
Ohne Spaß: ich gehe heute ins Theater.

Wie heißt denn das Stück?
Meine Schwiegermutter hat Geburtstag.

*Make Love macht Spaß,
aber aus Spaß wird Ernst
und Ernst ist jetzt vier.*

Wie geht's?

Wie geht's?
Gut. Danke.
Und selbst?
Auch danke.

Es geht
auch anders.

Wie geht's?
Nein danke.
Und selbst?
Auch schlecht.

Es geht
noch anders.

Wie geht's?
Ich wüsste nicht,
was Sie
das angeht.

So kann's auch gehen.
„Du fragst mich nicht einmal, wie es mir geht."
„Ja, wie geht's dir denn?"
„Frag mich nicht!"

Willkommen im Shop

Wer sich beim Einkaufen Zeit nehmen will, kann sich in einigen wenigen Supermärkten an der „Plauderkasse" anstellen. Hier kann man ohne Druck einpacken und ein Schwätzchen halten. Das tut dem Kunden und der Verkäuferin gut.

Neben den klassischen Schokoladen-Osterhasen stehen auch „Weihnachtshasen" mit roter Zipfelmütze im Regal. Demenzpatienten haben ja manchmal Probleme, Kalendertage auseinanderzuhalten. Von jedem verkauften Hasen geht ein Euro an die Alzheimer-Forschung.

Tannenbaum, Krippe, Engel schon im September im Schaufenster, stimmungsvolle Weihnachtsmusik zur Unzeit. Alles nur Kommerz? Oder steckt hinter dem Rummel nicht doch auch die Ahnung, wie es in der Welt sein könnte, Friede auf Erden ...?!

Penner nennt man den Ladenhüter im Einzelhandel. Aber er hat es viel besser als der Obdachlose, der draußen auf der Bank pennt oder buchstäblich auf der Straße liegt. Im Winter können ihn auch zwei Penntüten (Schlafsäcke) nicht vor dem (Er)frieren schützen.

Machen

Pläne machen,
aber der Himmel
macht nicht mit.

Karriere machen,
aber eine Laufbahn
macht kein Leben.

Geld machen,
aber der Mammon
macht nicht glücklich.

Erfahrungen machen,
aber die Erfahrungen
machen Menschen.

Das Wort Machen
macht uns glauben,
dass alles machbar ist.

Aber das Leben
lässt sich nicht machen,
so ist eben das Leben
und das Leben ist nicht eben.

*Manche machen
den größten Fehler ihres Lebens
und finden die Liebe ihres Lebens.*

Was du nicht sagst

Früher hast du es mir
immer und immer
wieder beteuert.
Und wie!

Heute sagst du mir
hin und wieder
höchstens noch:
Ich mag dich.

Du magst auch
Pommes und Pudding
und dich morgens duschen.
Und du magst auch andere.

Manchmal sagst du:
Ich hab dich gern.
Das klingt für mich so wie:
Ich finde dich sympathisch.

Ach, würdest du mir
doch nur einmal wieder sagen,
was mich so glücklich macht:
Ich liebe dich!

*Ich liebe dich
mit Haut und Haar,
ich hab dich ganz lieb.*

*Deine Glatze
hab ich ebenso
liebgewonnen.*

In die Tiefe

*Fahr hinaus, wo es tief ist,
werft dort eure Netze zum Fang aus,
sagt Jesus zu Petrus,
als sie nichts gefangen hatten.*

Lk 5,4

Mich zieht die Tiefe an.
Ich bleibe nicht gerne
an der Oberfläche.
Vieles ist so flach,
so flach wie der Bildschirm.

Ich möchte tiefer schauen,
ein Auge bekommen für das,
was ich nicht sehe:
das Hintergründige,
das Hintersinnige.

Das Tiefgründige suche ich,
den Grund allen Seins,
den Urgrund will ich ergründen
und bin gespannt,
was mir da unten ins Netz geht.

Ich tauche ganz tief
in den Wörtersee ein.
Auf dem Boden entdecke ich
kostbare Schätze
aus unserem Wortschatz.

Die Wortschatzsuche führt mich
zu den hübschesten Töchtern
der Mutter Sprache:
Freundschaft, Freude, Frieden,
Liebe.

Was Liebe eigentlich ist,
kann kein Wort sagen.
Aber es ist die Liebe,
die unser Leben vertieft,
ihm tieferen Sinn verleiht.

Wenn ich in den Sprachen der Menschen und Engel redete, hätte aber die Liebe nicht, wäre ich dröhnendes Erz oder eine lärmende Pauke.
Und wenn ich prophetisch reden könnte und alle Geheimnisse wüsste und alle Erkenntnis hätte; wenn ich alle Glaubenskraft besäße und Berge damit versetzen könnte, hätte aber die Liebe nicht, wäre ich nichts.
Und wenn ich meine ganze Habe verschenkte und wenn ich meinen Leib opferte, um mich zu rühmen, hätte aber die Liebe nicht, nützte es mir nichts.

Das Hohelied der Liebe 1 Kor 13,1-3

Liebe

Keine Arbeit
ist zu mühsam,
wenn du sie
mit Liebe tust.

Keine Last
ist zu schwer,
wenn du sie
mit Liebe trägst.

Kein Mensch
ist zu schwierig,
wenn du ihn
liebst.

Lass alles,
was du tust,
in Liebe geschehen.
1 Kor 14,16

Gefangene aufrichten, geistig Behinderten helfen, Alte und Kranke pflegen, Sterbenden beistehen, Tote waschen ...
Die Liebe zu den Menschen macht es möglich.

Muss ja nicht

Wer Möbel verrückt,
muss ja nicht verrückt sein.

Wer an Engel glaubt,
muss ja nicht gläubig sein.

Wer alt ist,
muss ja nicht altmodisch sein.

Wer aus der Kirche ausgetreten ist,
muss ja nicht von Gott weggetreten sein.

Wer Gutes nachträgt,
muss ja nicht nachtragend sein.

Wer voller Lust Wollsocken strickt,
muss ja nicht wollüstig sein.

Müßiggänger
müssen nicht müssen.
Sie tun ja nichts
und davon
müssen sie sich ausruhen.

Ruhepausen

Mitten in der Menge
findest du deine Mitte nicht.

Draußen im Gewühl
kannst du nicht innehalten.

Auf der Schnellstraße des Lebens
kommst du nicht zu dir.

Um bei dir einzukehren
brauchst du Pausen.

Bestimme Tageszeiten,
um dir selbst zu begegnen.

Der Morgen bietet sich an,
da ist der Geist noch hellwach.

Oder nimm dir am Abend Zeit,
ruhig bei dir zu verweilen.

Auch die Musik kommt
ohne kurze Pausen nicht aus.

Um deine Melodie zu hören,
brauchst du Ruhepausen.

Nach jedem Herzschlag
braucht dein Herz eine Verschnaufpause,
damit es ein Leben lang für dich zu schlagen kann.

Nebel Mist

Wir schauen zurück
auf unser Leben,
Zusammenhänge
kommen uns in den Sinn.

Linien werden sichtbar,
vielleicht sehen wir
sogar den roten Faden
in unserem Leben.

Dieser verläuft längst
nicht immer geradlinig
und färbt sich manchmal
dunkelrot.

Im Rückblick erkennen wir,
wozu manches gut war
und wie das Schlechte
auch sein Gutes hatte.

Was hat das zu bedeuten?
fragen wir und suchen zu deuten.
Auch die sogenannten Zufälle
geben uns zu denken.

LEBEN rückwärts NEBEL.
Langsam lichtet sich der Mist.
Wir sehen klarer, blicken durch,
aber nie voll und ganz.

*Das Leben ist wie ein Buch
mit vielen Kapiteln.
Und wie heißt der Titel
Deines Buches?*

Stillschweigend

Die streichelnde Hand sagt
still und leise:
Ich bleibe bei dir –
so lange ich kann.
Ich liebe dich.

Die Friedhofsstille spricht
die Sprache des Himmels:
Schweigen.
Die Gräber entlarven
die großen Worte der Welt.

Aus dem Schweigen
in die Stille kommen.
Da merken wir erst,
wie viel Lärm wir machen
um lauter Nichts.

Mit offenen Ohren
tief in sich hineinhorchen,
und der Stille lauschen,
dem inneren Ton
in Tier und Baum.

Die Blumen blühen,
das Gras sprießt,
alles, was grünt,
wächst im Stillen.
Wie auch die Liebe.

Hören wir
auf die innere Stimme,
sie stimmt
und führt uns
zu unserer Bestimmung.

Wir haben keine inneren Stimmen mehr; wir wissen heute zu viel, der Verstand tyrannisiert unser Leben.

Robert Musil

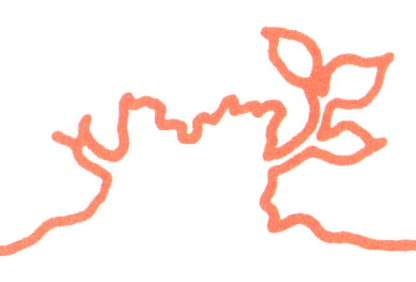

Dem Körper sei Dank

Ich danke meiner Pumpe,
die täglich rund 100.000-mal schlägt,
ohne sich eine kurze Pause zu gönnen.

Ein dickes Danke meinem Darm,
diesem dünnen Schlauch,
der nicht schlapp macht.

Meine Leber braucht zwei Stunden,
um eine Flasche Bier zu entgiften.
Danke für die vielen Überstunden.

Merci meinen Ausscheidungsorganen.
Ohne sie wäre ich schon ausgeschieden
und hätte es verkackt.

Was wäre ich ohne meine Hände?
Ihnen verdanke ich,
dass ich fühlen, greifen, handeln kann.

Danke meiner Haut,
sie lässt mich hautnah spüren,
dass ich geliebt werde.

Muchas Gracias meinem Gehirn,
wenn auch längst nicht für alles,
was mir durch den Kopf geht.

Meinen Ohren habe ich zu danken,
sie stehen fest zu mir
und sind meine besten Zuhörer.

Wenn ich meine Augen nicht hätte,
könnte ich die Wunder
dieser Welt nicht sehen.

Dankenswerterweise hält mich
meine Nase fern von den Menschen,
die mich nicht riechen können.

Mille Grazie meinem Mund.
Er kann kauen, kosten, küssen,
munden und noch manches mehr.

Dankbar bin ich meinem Bauch,
denn er weiß am besten,
was gut für mich ist.

Und dann sind da noch die Beine.
Mit beiden stehe ich auf dem Boden.
Dank ihnen gehe ich meinen Weg.

Von Kopf bis Fuß
danke ich meinem Körper,
der den alten Esel weiter trägt.

Tagein, tagaus,
bis er sich eines Tages
dankend niederlegt.

Dankbarkeit ist das Gedächtnis des Herzens

Jean-Baptiste Massillon

Denk weise

Denk mit dem Herzen,
dann urteilst du viel milder
als mit messerscharfem Verstand.

Denk mit dem Herzen,
dann hast du Verständnis für das,
was der Verstand nicht versteht.

Denk mit dem Herzen,
dann bist du dankbar für alles,
was sich nicht von selbst versteht.

Denk mit dem Herzen,
fühl mit dem Verstand,
die weise Denkweise.

Gefühlvolle Gedanken.
Kluge Gefühle.

Wieso? Woher? Warum?

Wieso kann ein Apfelbaum Äpfel
und ein Birnbaum Birnen machen,
beide stehen doch nebeneinander
mit den Füßen in der selben Erde!?

Woher weiß der Weihnachtsstern,
dass er am Fest zu blühen hat
und wie kann der Kaktus wissen,
dass er in der Wüste überlebt?

Wie kann eine Kuh
aus grünem Gras weiße Milch
machen und eine Raupe sich
in einen Schmetterling verwandeln?

Und woher weiß denn das Küken,
dass es nach zwanzig Tagen
an der Zeit ist,
aus dem Ei zu schlüpfen?

Ja, es gibt so vieles,
was wir Erwachsene nicht fragen,
weil wir das Wissenwollen
verlernt haben.

Wer, wie, was?
Wieso, weshalb warum?
Wer nicht fragt bleibt dumm.
1000 tolle Sachen, die gibt es überall zu sehen.
Manchmal muss man fragen, um sie zu verstehen.

Eröffnungsmelodie der Sesamstraße

Die großen Fragen

Wir kommen auf die Welt,
ohne gefragt zu werden.
Wir müssen wieder gehen,
ohne gefragt zu werden.

Wurden wir geboren,
um zu sterben?
Ist das der Sinn?
Irrsinn.

Oder sterben wir,
um zu leben.
Das ist doch Unsinn.
Wozu dieser Umweg?

Ist das Leben keine Strecke,
sondern ein Kreis?
Werden wir im Tod
wieder neu geboren?

Seit Menschen leben
fragen sie sich,
ob mit dem Tod alles aus ist
oder es irgendwie weitergeht.

Aber wie?
Wie auch immer.
Der Tod muss nicht das Letzte,
das Letzte nicht das Ende sein.

*Wo so ein Köpfchen keinen Ausgang sieht,
stellt es sich gleich das Ende vor.*
Johann Wolfgang von Goethe

Licht im Dunkel

Aus dem Dunkel
geht das Licht hervor.

Die Mitte der Nacht
ist der Anfang eines neuen Tages.

Inmitten der Not
kommt aus Tränen Trost.

*Jede dunkle Nacht
hat ein helles Ende.*

Persisches Sprichwort

Manchmal auch zwei

Wie oft ist das letzte Glas
nicht einmal das vorletzte.

Ach ja, der Geist ist willig,
das Fleisch schwach.

Die letzte Zigarette ...
Ab morgen fange ich an.

Die letzte Schokolade ...
Schön wär's.

Wir können nicht
immer nur Nein sagen.

Drücken wir lieber
ein Auge zu.

Manchmal
auch zwei.

*Wer seine eigenen Schwächen mag,
mag sich selbst mehr als mögen.*

Zum Glück

Kein Glück ist vollkommen.
Etwas fehlt immer,
um ganz glücklich zu sein.

Wären selbst alle Wünsche erfüllt,
würde immer noch etwas fehlen:
ein offener Wunsch.

Kein Mensch ist vollkommen.
Jedem fehlt etwas,
um vollends perfekt zu sein.

Hätte einer keine Fehler,
wäre er nicht
voll und ganz Mensch.

Deine Fehler und Schwächen
machen dich zu dem Menschen,
für den manche eine Schwäche haben.

Wettern

Schönes Wetter wurde vorhergesagt.

Wir erwarten einen blauen Himmel,
freuen uns kaum an der Sonne.

Und ist die Wolkendecke dann grau,
sind wir richtig verärgert.
Und wenn es dann noch regnet,
schneit es in unserer Seele.

Schlechtes Wetter wurde angesagt.

Wir sind schlecht gelaunt,
schieben es auf das Wetter.

Und scheint dann die Sonne,
wettern wir gegen die Leute,
die das Wetter vorhersagen
und haben selbst einen Schatten.

*Ideales Klima gibt es nur im Bett,
heißt es in Amerika.
Aber auch da kommt manches Tief,
kann es monatelang eisig kalt sein
und nachts heftig gewittern.*

Menschenrecht

Millionen, Milliarden Menschen,
jeder Einzelne möchte anerkannt werden
als der Mensch, der er ist.

Ein jeder hat das Recht,
so zu sein, wie er ist.
Sein gutes Menschenrecht.

Und wer sein Recht auf Leben
angeblich verwirkt hat,
hungert weiter nach Liebe

von Mensch zu Mensch.

*Ein Mensch fühlt oft sich wie verwandelt,
sobald man menschlich ihn behandelt.*

Eugen Roth

Auf der Suche

Wir suchen das Glück,
suchen die große Liebe.

Wir sind auf der Suche
nach Erklärungen.

Wir suchen den Sinn
des Lebens.

Wir ver-suchen
so manches.

Und hören nicht auf
zu suchen, zu suchen ...

Bis wir uns selbst
gefunden haben.

*Es ist schwer,
sich selbst zu finden
wenn man nicht weiß,
wo man sich verloren hat.*

Sinn

Du kannst lange suchen,
um den Sinn des Lebens zu finden.

Eher findest du heraus,
was deinem Leben Sinn gibt.

Was anderen sinnvoll erscheint,
kann für dich sinnlos sein.

Was in deinen Augen Sinn macht,
kann anderen nichts bedeuten.

Aber jeder Mensch braucht ihn:
den Sinn in seinem Leben.

Wer Bäume pflanzt, obwohl er weiß, dass er nie in ihrem Schatten sitzen wird, hat zumindest angefangen, den Sinn des Lebens zu begreifen.

Rabindranath Tagore

Der Weg ist das Ziel

Du pilgerst nach Santiago,
um dir zu begegnen.

Er geht ins Kloster,
um zu sich zu kommen.

Sie läuft Marathon,
um sich selbst zu spüren.

Ich gehe aufs stille Örtchen,
und begegne meinem Inneren.

Halle der inneren Harmonie
nennen die Chinesen,
das stille Örtchen.
Oase des Friedens
hat auch etwas,
was Scheißhaus so gar nicht hat.

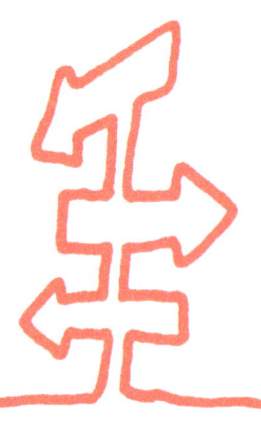

Sicher

Bleibst du immer
am Ufer stehen,
weißt du nicht,
wie das Wasser dich trägt.

Verlässt du niemals
deine Komfortzone,
wirst du mit der Zeit
ganz gemütlich eingehen.

Tust du nicht ein Mal
etwas Verrücktes,
weißt du nicht,
was für ein Narr du bist.

Gehst du stets
auf Nummer sicher,
lebst du todsicher
am Leben vorbei.

Sei wie das Meer –
wild, kraftvoll, frei.

Auf Augenhöhe

Schauen wir zu niemandem hinauf.
Keiner steht über uns.
Auch nicht der größte Superstar.

Schauen wir auf keinen herab.
Nicht einer steht unter uns.
Auch nicht der letzte Bettler.

Schauen wir uns ehrlich an.
Von Mensch zu Mensch
auf Augenhöhe.

Vor Gott begegnen wir uns auf Kniehöhe.
Herr, wenn du anrechnen würdest alle unseren Sünden,
wer, Herr, könnte da bestehen?

Ps 130

Weniger

Weniger essen,
mehr genießen.

Weniger fernsehen,
weiter sehen.

Weniger reden,
besser zuhören.

Weniger planen,
spontaner handeln.

Weniger leisten,
intensiver leben.

Weniger haben,
mehr sein.

Wir brauchen mehr Weniger.

Sünde

Als ich ein Kind war, fühlte ich mich unter ständiger Beobachtung. Gott war wie ein Gefängniswärter, der von oben alles überwacht, alles sieht, alles hört und nichts ungestraft lässt. Wie unzählige andere habe ich vor dem „Richter Gnadenlos" unendlich viel Angst gehabt. Mit der Hölle wurde uns gedroht. Vor allem das sechste und neunte Gebot haben uns als Kinder arge Gewissensbisse bereitet und unsere Angst vor der Hölle geschürt.

Im kleinen Priesterseminar schob der Priester-Aufseher jeden Abend den Vorhang meiner „Chambrette" beiseite, um nachzusehen, ob ich die Hände über der Decke halte und nicht schwer sündige. „Hände über der Decke" auch im Winter. Mit dem Knüppel der Sünde wurde ich unverschämt katholisch verzogen. Alle zwei Wochen mussten wir beichten gehen.

Bei wie vielen Gläubigen haben die kirchlichen Verbote und Einschüchterungen verheerende Schäden angerichtet. Wie viele leiden bis heute unter der Drohbotschaft und fürchten sich vor der eigenen Sexualität. Die Angst vor Sünde sitzt so tief. Alles, was Spaß macht, ist Sünde.

Ich halte es lieber mit Martin Buber. Er sagt: Die schwerste Sünde ist es, gegen sein eigenes Wesen zu leben. Wer auf Kriegsfuß mit sich selbst steht, kann mit anderen nicht in Frieden leben.

Dein Wesen, dein innerster Kern, der göttliche Funke ist es, was dich zu dem Menschen macht, der du bist. Du bist ein einmaliger, einzigartiger Mensch. Ein Unikat.

Jede, jeder von uns wurde als Original geboren. Versündigen wir uns nicht gegen unser eigenes Wesen. Bleiben wir uns selbst treu und kopieren wir nicht die anderen.

Verstellen wir uns nicht und geben wir uns einfach so wie wir sind. Dann sind wir echt gut. Stehen wir zu uns, zu unserer Eigenart. Das, was uns eigen ist, das Eigene ist das Eigentliche, das, was uns von anderen unterscheidet.

Wir sind dazu berufen, unsere Mission zu erfüllen, uns selbst zu sein. Trau deinem Selbst. Sei du der Mensch, der du bist. Sei du du selbst. Dazu hat Gott dich berufen in deine Einmaligkeit.

> *Die Hauptaufgabe des Menschen besteht darin,*
> *sich selbst zu gebären und zu dem zu werden,*
> *was er wirklich ist.*
>
> Erich Fromm

Schuld

Ich finde die Schuld bei dir,
um sie nicht bei mir zu suchen.

Du beschuldigst mich,
um dich zu entschuldigen.

Wir können kaum bekennen:
Ich bin schuld! Ich war's!

Darum schieben wir einander
die Schuld in die Schuhe –
wie schon Adam und Eva.

Und vergib uns unsere Unschuld ...

Gescheitert

Gescheitert,
Schiffbruch erlitten.
Da ist was zerbrochen.
Bruchstücke,
Trümmer,
zerplatzte Träume.

Jesus träumte
vom Reich Gottes
unter den Menschen.
Befreit vom Bösen.
Keine Feindschaft.
Nur noch Liebe.

Total gescheitert
hing er am Kreuz,
am Holz der Schande.
Doch im Grab
kam der Stein ins Rollen,
kennt keinen Halt.

Die Sache Jesu
geht weiter,
lässt uns tiefer schauen.
Der Gescheiterte
macht uns
gescheit.

Erfolg
ist keiner der Namen Gottes.
Martin Buber

Der Herr

Das Schicksal
mischt die Karten.

Der Zufall
teilt sie aus.

Glück
ist Trumpf.

Mein Blatt
könnte besser sein.

Wenn ich nur wüsste,
was der Herr drüben hat.

Aber der lässt sich nicht
in die Karten schauen.

Und hat immer noch
ein Ass im Ärmel.

Der Herr.

Der Herr hat einen trocknen Humor.
Er hat uns aus Staub erschaffen.
Der Herr muss herzhaft lachen,
wenn wir ihm Kontra geben.

Mond

Der Mond mag noch
so schön rund scheinen,
seine Rückseite ist dunkel.

Zieht der Mond uns an,
weil wir Menschen auch
eine dunkle Seite haben?

Gottes Kehrseite ist
auch nicht hell und lässt
uns im Dunkeln tappen.

Das Dunkle macht uns Angst
und zieht uns dennoch an –
wie das Licht.

Seht ihr den Mond dort stehen?
Er ist nur halb zu sehen
und ist doch rund und schön.

So sind wohl manche Sachen,
die wir getrost belachen,
weil unsere Augen sie nicht sehn.

Matthias Claudius

Kinder glauben

Vorne am Altar steht ein Mann
mit wallendem Gewand,
ein richtiger Zauberer.

Er macht Hokuspokus
und dann sind Brot und Wein
Leib und Blut Christi.

Jesus machte aus Wasser Wein,
hat viele Wunder getan
und ist aus dem Grab aufgestanden.

Maria ist die Mama von Gott,
auch wenn niemand weiß,
wie er in ihren Bauch gelangt ist.

Aber Gott kann alles.
Er macht Kranke wieder gesund
und Tote wieder lebendig.

Ach, war das schön damals.
Mein Glaube an den lieben Gott.
Und an den Nikolaus.

Und an das Christkind.
Und an den Osterhasen.
Und an das Gute im Menschen.

*Als ich ein Kind war,
da redete ich wie ein Kind,
da dachte ich wie ein Kind.*

1 Kor 13,11

Spinnen

Jeden Morgen
greifen wir den Faden
wieder auf.

Von Tag zu Tag
spinnen wir weiter,
so gut wir können.

Hin und wieder
sind wir total versponnen,
sonderbar versonnen.

An manchen Tagen
verlieren wir den Faden
und suchen ihn verzweifelt.

Doch dann finden wir ihn
schön eingefädelt wieder –
unseren Lebensfaden.

*Und sollt' ich noch einmal die Tage beginnen,
ich würde denselben Faden spinnen.*

Theodor Fontane

Eines Tages

Eines Tages
werde ich mich fragen,
warum ich damals nicht
glücklicher gewesen bin.

Eines Tages
werde ich mir sagen:
Ich würde alles geben,
wenn er zurückkäme,
der Tag heute.

*„Hätte ich gewusst,
wie Glücklichsein geht,
wäre ich es damals gewesen."*

Ein Mann im Rückblick auf sein Leben

Quatre vingt

Ich war in Mathe schon immer schlecht und habe schon x-Mal nachgerechnet, ob ich am 11. Februar 2023 tatsächlich 80 geworden bin. Ich kann es immer noch nicht glauben. Achtzig. Das darf doch nicht wahr sein.

Ach achtzig. Das ist zwei mal vierzig. Mein **40.** Geburtstag ist mir damals voll in die Knochen gefahren. Ab jetzt geht es nur noch abwärts, dachte ich. Ich war ganz unten, richtig niedergeschlagen. Auch der Spruch: „Ab 40 wird der Schwab gescheit", vermochte mich nicht zu trösten. Und mein Freund Jupp haute mir das Wort von Schopenhauer um die Ohren: „Ab vierzig ist jeder für sein Gesicht selbst verantwortlich." O Gott, da schaue ich lieber nicht in den Spiegel. Ich bekam auch eine Tasse geschenkt: Vierzig ist viel, aber noch bist du nicht senil. Also: Hoch die Tassen!

Ich wurde 41, 42, 43 ... Die vier vorne störte mich kaum noch, bis dann die Jahre 48, 49 kamen und die 50 immer näher rückte. Am 11. Februar 1993 war es dann so weit. **50** Jahre! Ich dachte, ich überlebe den Tag nicht. Aber in dem Alter weißt du, was sich gehört. Du lädst nette Leute ein. Und die sagen dir dann: „Fünfzig – so alt wird kein Schwein." Und Ernst nahm mich todernst auf in den Club der alten Säcke. Was für eine Ehre!

Als Immanuel Kant vor gut 200 Jahren fünfzig wurde, lautete die Anrede beim Festakt: „Sehr geehrter Greis!" Heute sehen die 50-Jährigen aus wie vierzig. Sechzig ist das neue Fünfzig. Das Verfallsdatum wird immer weiter nach hinten verschoben.

Man ist so alt, wie man sich fühlt, heißt es. Das heißt: Wir fühlen uns jünger als unser Alter. Deshalb sind wir alle älter als wir uns fühlen.

Geht's Euch auch so? Ich möchte manchmal die Zeit anhalten. Aber die Uhr tickt gnadenlos. Die Jahre kommen und gehen.

Nach 59 kommt **60**. „Mit 60 wird ein Mann erst interessant", flüsterte mir Bianca zu, die nichts anbrennen lässt. Mein Kumpel Konrad

schenkte mir eine Packung Prostagutt-Forte: Weniger müssen müssen. Ja, so manches lässt nach, macht schlapp.
Mit 60 bist du in einem Alter, in dem dir dein Körper am nächsten Tag ganz leise ins Ohr flüstert: Mach das nie, nie wieder!
Ab 60 kommst du in den Genuss von einem Seniorenteller. Und du kannst dir die halbe Portion einpacken lassen und mit heimnehmen. Was du da sparst! Und wenn du dann nur noch ein Achtele statt vier Viertele trinkst, kannst du dir bei deiner Beerdigung eine Edelholz-Truhe leisten.

Sechzig Jahre – und kein bisschen weise. Aus gehabtem Schaden nichts gelernt. Sechzig Jahre auf dem Weg zum Greise. Und doch sechzig Jahr' davon entfernt. Curd Jürgens, er starb mit 66.
Mit 66, da fängt das Leben an. Mit sechsundsechzig Jahren, da hat man Spaß daran. Mit sechsundsechzig Jahren, da kommt man erst in Schuss.

Mit 80 war Schluss für Udo Jürgens.
Ja, ich war auch einmal 66, 67. Das geht ja noch, die Sieben hinten. Aber wenn die Sieben vorne steht und du **70** bist, hat die Haustür eine ganz andere Nummer.
Am 11. Februar 2013 war mein 70. Geburtstag. Und das am Rosenmontag. Karneval. Carne vale, es lebe das Fleisch! 70 Jahre altes Fleisch - um nicht zu sagen Gammelfleisch.
Als meine Frau siebzig wurde, schrieb ihr unser damals 7-jähriger Enkel Clemens: „Oma, ich freue mich für dich, dass du noch lebst."
Als ich dreißig war, vierzig, ja selbst fünfzig – da schien mir siebzig schon alt. Und als ich früher hörte, dass der/die Verstorbene schon über siebzig war, dachte ich: „Naja, da darf man gehen." Mit den Jahren hat sich meine Deadline deutlich verschoben.
Zu meinem 70. bekam ich ein T-Shirt geschenkt: OLDTIMER 1943 – fast alles Originalteile. Naja, noch laufe ich ohne künstliches Knie- und Hüftgelenk, aber ich habe längst die dritten Zähne. Ich lächle die Leute an mit meinem Porsche im Mund. Aber der Lack ist ab. Rostflecken. Der Auspuff stottert. Das Kühlwasser tropft. Die Zündkerze entzündet ... Weitere Details von meiner Klapperkiste möchte ich meiner geneigten Leserschaft ersparen.

Petra schenkte mir zum 70. eine Anti-Aging-Creme, um meine Falten zu glätten an meinem Bauch, Po und sonst noch wo. Aber meine Denk-, Sorgen- und Lachfalten zeigen, wie ich mich entfalte. Ohne Falten keine Entfaltung.
Das schönste Geburtstagsgeschenk zu meinem 70. machte mir kein Geringerer als Papst Benedikt XVI.: Er trat zurück.
Mein **75.** Geburtstag fiel auf Faschingssonntag. Helau! Doch wie bald ist wieder Aschermittwoch. Je älter, umso bälder. Mit fünf war ein Jahr ein Fünftel meines Lebens. Mit 75 war ein Jahr für mich nur noch ein Fünfundsiebzigstel meiner Lebenszeit, fünfzehn Mal kürzer. Je älter wir werden, desto schneller vergeht die Zeit.
Vor ein paar Jahren stieg ich in einen überfüllten ICE ein und da standen gleich ein paar Leute auf und boten mir höflich ihren Platz an. Ich war erschrocken: Woran sehen die, was ich nicht sehe: dass ich schon so alt bin?
Und nun also **80**. Ach achtzig. Herzliches Beileid. Sicher ist es auch schön, so alt zu werden. Glückliches Beileid. Achtzig Ja, Nein Danke. Ab achtzig erhöht sich drastisch das Risiko, an Demenz zu erkranken.
Auf Französisch klingt achtzig viel charmanter. Quatre vingt. Zum vierten Mal zwanzig. Zum zwanzigsten Mal vier. Ich feiere gerne auf Französisch mit belgischem Bier. Am liebsten trinke ich Petrus-Bier, schmeckt himmlisch, ist nichts für Engelchen. Und Petrus-Bier macht keine Rotweinflecken.

Hey Alter, willst du ewig leben?
Nein, aber noch habe ich keine Zeit zu sterben.
Die Toten halten mich am Leben.

Hochbetagt

Zu meinem 80. Geburtstag
am 11. Februar 2023
bekam ich von einer Bestatterin
ein besonderes Geschenk.

Sie hatte genau ausgerechnet,
wie viele Tage
ich schon auf der Welt bin:
29.288 Tage.

Als Kinder unserer Zeit
zählen wir nicht die Tage,
wir rechnen nur in Jahren,
feiern die runden Geburtstage.

Die Bibel
nennt die Alten hochbetagt,
das Wort hochbejahrt
kennt sie nicht.

Hundertjährige
gelten bei uns als langlebig.
Ich lebe heute am 11. Oktober 2023
schon ganz schön lange.

Schon 241 Tage länger
als an meinem 80. Geburtstag.
Jeder Tag zählt, zählt 24 Stunden
und zahlreiche einmalige Augenblicke.

*Herr, lehre uns unsere Tage zählen,
damit wir ein weises Herz gewinnen.*

Psalm 90

Mein Krebs

Die Diagnose Krebs
war auch für mich ein schlimmer Schock.
Es hat einige Zeit gebraucht,
bis ich die Krankheit angenommen habe.

Tumore, Metastasen, Schmerzen.
Schwer damit tagein tagaus zu leben.
Und mit der Aussicht,
in absehbarer Zeit zu sterben.

Aber mein Krebs hat auch sein Gutes.
Ich kann mich auf den Tod vorbereiten
und werde nicht wie manch andere
unerwartet aus dem Leben gerissen.

So komme ich um das Altersheim herum
und muss nicht wie unzählige andere
die letzten Jahre meines Lebens
im Wartezimmer des Todes verbringen.

Und ich werde nicht wie meine Freunde
Jupp und Martin an Demenz leiden
und langsam mich selbst verlieren.
Dieser Leidensweg bleibt mir erspart.

Nein, nein, ich bin nicht dankbar,
dass ich an Krebs sterben werde,
aber ich kann meiner Krankheit
durchaus Positives abgewinnen.

Und so versuche ich mich täglich
mit dem Unabänderlichen
zu arrangieren und aus Zitrone
Limonade zu machen.

Von Fall zu Fall

Nach einem Fall
wieder aufstehen.
Auf jeden Fall.

Abfall,
ein abfälliges Wort
für wichtigen Wertstoff.

Zufall.
Plötzlich fällt uns zu,
was längst fällig war.

Ein Fall
für sich ist jeder Mensch.
Ein Einzelfall.

In manchem Fall
ist ein Todesfall
ein Glücksfall.

Der Namensfall Dativ
bringt den Genitiv
zu Fall.

Ein hoffnungsloser Fall
braucht Menschen,
die ihn nicht fallen lassen.

Im Falle meines Ablebens ...
Vielleicht bist du der erste Fall,
bei dem der Fall nicht eintritt.

Ein Einfall, ein wenig ausgefallen:
Der hat Ideen wie ein eingefallenes Haus.

Pro Seniore

Wir reden das Alter schön.
Teeny-Spätlese. Graue Panther.
Sag mir, wo die Alten sind!
Wo sind sie geblieben?

Alt klingt wie ein Schimpfwort.
Alte Schachtel. Oller Alter.
Der Altennachmittag
heißt heute Seniorenkreis.

Das Altenheim
wurde zur Seniorenresidenz.
Doch die Menschen dort
sehen richtig alt aus.

Alle wollen alt werden,
niemand aber will alt sein.
Lang leben möchten wir,
aber kein altes Eisen sein.

*Im Namen für die neue Einrichtung
darf das Wort Heim nicht vorkommen,
keine Nähe zum Pflegeheim
und schon gar nicht zum Siechenheim.*

Robi, Mohrle

Anderen den Arsch abwischen.
Das ist doch das Letzte.
Die letzten Menschen tun es,
bis ein Roboter kommt.

Er riecht nichts, fühlt nichts,
verzieht nicht das Gesicht.
Robi wischt, wäscht den Po ab,
macht einfach Wischiwaschi.

Nur keine Berührungsängste.
Robotik zum Anfassen.
Mohrle hat weiches Fell,
große Augen, sanfte Pfötchen.

Die schneeweiße Schmusekatze
kann schnurren, miauen ...
solang der Akku nicht leer ist.

*KI-Kuscheltiere können
menschliche Nähe nicht ersetzen.
Roboter mit metallenen Händen und Fingern
können unseren Arm berühren,
aber er lässt uns kalt.*

Vergessen

Du erinnerst dich an manches,
was du gern vergessen möchtest.

Du hast vieles vergessen,
an das du dich gern erinnern würdest.

Im Alter vergisst auch du vielleicht,
dass du vergisst.

Das ist nicht schön,
aber Demenz hat auch ihr Gutes.

Du bekommst nicht mehr mit,
wie du körperlich verfällst.

Und wie dein Hab und Gut
für das Heim draufgeht.

Du wirst nackt ausgezogen.
Ach, vergiss es!

*Meine Mutter weiß nicht mehr,
dass ich ihr Kind bin,
doch ich weiß sehr wohl,
dass sie meine Mama ist.*

Vielsagend

Was wir verschweigen,
sagen wir ohne Worte.

Unser Körper spricht immer,
er verspricht sich nie.

Unsere Versprecher haben
auch viel zu sagen.

Manchmal verraten sie,
was wir verschweigen.

*„Der 83-jährige Rudi Völler, Entschuldigung, der 63-jährige …"
Jens Riewa in der Tagesschau der ARD vom 21 Juni 2023 über
„Tante Käthe"*

*

*„Schaulästige."
Hat das die Frau im Radio wirklich gesagt?*

*

*„Sie hören nun die h-Mess-Molle,
Verzeihung, die h-Moss-Melle,
Ich bitte sehr um Entschuldigung,
die h-Moll-Messe von Johann Sebastian Bach. –
Ich häng mich auf."*

Trösten, wie geht das?

Auf dem schwäbischen Tränenberg, dem Hohenasperg, habe ich in sechzehn Jahren unzählige Gefangene weinen sehen. Tränen um ein verpfuschtes Leben. Tränen um die begangene „Missetat". Tränen der Ohnmacht, das zugefügte Leid nicht wieder gut machen zu können. Tränen der versäumten Chancen. Bittere Tränen der Reue. Tränen, die unter die Haut gehen.

Manche Gefangene lassen sich in der Haft eine Träne unters Auge tätowieren, die sogenannte „Knastträne". Sie steht meist für eine längere Zeit im „Bau". Alle zehn Jahre darf eine neue hinzukommen. Knastträne kann auch der „Tröster vom Dienst" nicht trocknen. Was willst du Menschen Tröstliches sagen, die schon lange im „Loch" sitzen? Womit Menschen trösten, die gefangen *und* krank sind? So krank, dass sie im Gefängniskrankenhaus liegen. Welchen Trost gibt es für jemanden, der keinerlei Perspektive hat? Vater Staat erwartet vom „Tröster vom Dienst", dass er beruhigend auf die Gefangenen einwirkt. Er soll Insassen, die durchdrehen, zur Ruhe mahnen. Ich kam mir manchmal vor, wie einer, der Placebos verteilt. Hier ein gutes Wort, dort eine kleine Ermutigung, hier ein wenig Zuspruch, dort ein bisschen Beschwichtigen.

Und ist auch der Gefängnisgottesdienst nicht ein Beruhigungsmittel? Da verkündest du den Gefangenen, dass sie frei sein sollen, während die „Schließer" hinten in der letzten Reihe mit dem Schlüsselbund klappern. Da predigst du Menschen von einem gnädigen Gott, die bei ihrem Richter keine Gnade fanden. Du redest von Vergebung und Versöhnung in einem Haus, in dem Böses mit Bösem vergolten, Strafe abgesessen wird. Die Geschichte vom verlorenen Sohn ist das krasse Gegenteil von dem, was Gefangene nach ihrer Entlassung erfahren. Viele haben Angst heimzugehen und können nur davon träumen, mit offenen Armen empfangen zu werden. Manche dürfen gar nicht heim: Hausverbot.

Und auch der „Schlager" *Großer Gott wir loben dich* klingt falsch. „Der uns von Kindesbeinen an unzählig viel zu gut bis hierher hat

getan." Wie viele Insassen wurden von ihrer Geburt an hin- und hergeschoben, verschoben, verstoßen!?
Nicht wenige Gefangene sind Heimkinder.
„Starker Helfer in der Not" - „In wieviel Not hat nicht der gnädige Gott über dir Flügel gebreitet." Ich habe Mühe, in das Loblied auf den „mächtigen König" mit einzustimmen. Ich bemühe mich, mir nichts anmerken zu lassen. Aber bei so manchem Lied und Gebet bricht meine Stimme ein. „Guter Gott", „Gott allen Trostes"? Wo ist er denn? Im Gebetbuch ja, auf dem Papier, aber im wahren Leben? „Wo bleibst du Trost der ganzen Welt?", fragte der Jesuit Friedrich Spee in seinem Weihnachtslied vor 400 Jahren – und das ist ja auch heute immer noch die Frage hier in diesem Jammertal.
Trost steht immer unter dem Generalverdacht der Vertröstung. „Am Ende wird alles gut."- „Der Herr wird's schon richten." Trost ist sprachlich verwandt mit Treue und Vertrauen. Gefangene trauen den Trostworten nicht. Sie nennen den Pfarrer „Himmelskomiker". Ist auch komisch, in der Hölle mit dem Himmel zu kommen. Ein Betäubungsmittel, ein Opiat? Die Menschen hinter der Mauer hinterfragen meinen Glauben, führen mich in den existentiell-religiösen Abgrund, in die Nacht Gottes. Sein Schweigen aushalten. Ausharren an der Seite der Inhaftierten.
Trost geschieht dort, wo einer für den anderen einfach da ist und seine Wut, seine Verzweiflung aushält. Als Theologen meinen wir allzu oft, Menschen mit Worten trösten zu müssen. Trost spenden, als hätten wir einen Vorrat an Trostworten, die wir je nach Situation und Bedarf einsetzen können. Es gibt trostloses Leid. Da ist jedes Wort eines zu viel. Indem wir schweigen, zeigen wir Respekt vor dem Schmerz des anderen.
Dem Hilfsbedürftigen beistehen, ihn nicht allein lassen. Dasein für den Gefangenen, der mir unter vier Augen seine Wunde zeigt. Die Wunde des ungeliebten Kindes. Die Wunde der Kindesmisshandlung. Die Wunde, ein Verbrecher zu sein. Manche Wunde bricht immer wieder auf, will nicht vernarben.

Trost ist wie eine lindernde Salbe auf eine Wunde. Salbungsvolle Worte lindern aber keinen Schmerz. Was dem Gefangenen guttut ist ein Mensch, bei dem er sein Wund-sein zur Sprache bringen, sich aussprechen kann. Ein Mensch, bei dem er sich ungehemmt ausweinen kann. Ein einfühlsamer Mensch, der seine Wunde verbindet, verbindlich zu ihm steht. Die Treue halten, trösten, Tränen trocken, den Mörder umarmen. Das sagt ihm mehr als eine Predigt über Vergebung.

Da sein für diesen Menschen, der mich hier und jetzt braucht. Das ist ganz im Sinne Gottes, der über sich selbst zu Mose sagt: „Ich bin der Ich-bin-da." Der Dornbusch brennt, verbrennt aber nicht. Gott ist die brennende Liebe, die nicht vergeht. Ich bin da, wenn die Ohnmacht sich wie ein brennender Schmerz über euch legt. Ich bin da, wenn du dich ausgebrannt fühlst. Ich bin da, auch wenn ihr nichts davon merkt. Ich bin da, ich bin bei euch, wenn ihr dem geringsten Menschen Gutes tut. Ich bin da, darauf könnt ihr euch getrost verlassen.

Muss ich auch wandern in finsterer Schlucht,
ich fürchte kein Unheil, denn du bist bei mir.
Ps 23,3

Angenommen

„Angenommen", sagte eine Frau zu ihrem krebskranken Mann: „Angenommen, jemand riefe jetzt an und erzählte von einem Medikament, mit dem du noch zehn Jahre länger leben könntest, würdest du es nehmen?"
Seine Antwort:" Nein, das interessiert mich nicht mehr. Jetzt freue ich mich einfach, dass ich es bald geschafft habe. Ich bin richtig erleichtert, dass ich mein Schicksal angenommen habe nach dem langen Kampf, nach den Stadien des Leugnens, des Rebellierens und der Depression. Jetzt kann ich es gut sein lassen und bin gespannt auf das, was kommt."

Jürgen litt fast dreißig Jahre an MS. Er saß mehr als zwanzig Jahre im Rollstuhl. Am Ende seines langen Leidensweges hat er gesagt: „Es reicht! Ich will, ich mag nicht mehr. Ich habe das schönste Leben gehabt. Ich habe alles gehabt. Jetzt aber will ich sterben. Lasst mich gehen!" Jürgens Familie meinte aber, ihn so nicht gehen lassen zu können. Schon mehrmals war es Jürgen schlecht gegangen, doch jedes Mal hatte er sich wieder aufgerappelt. Warum soll es auch diesmal nicht klappen? Seine Lieben versuchten, Jürgen gut zuzureden und ihm wieder Mut zu machen. Doch Jürgen sagte klipp und klar: „Ich will nicht mehr. Wenn ihr mich wirklich liebhabt, dann müsst ihr mich auch gehen lassen." Es hat noch einige Tage gedauert, bis Jürgens Familie seinen Entschluss annehmen konnte und er seinen Weg daheim zu Ende gehen durfte.

Am Ende unserer Tage schauen wir zurück. Wir ziehen Bilanz. Wenn wir unser Leben nicht bejahen können, haben wir es schwer, den Tod anzunehmen. Um gut sterben zu können, müssen wir auch das ungelebte Leben annehmen, den Weg, den wir nicht gegangen sind. Was wäre gewesen, wenn ...? Wenn wir uns an der einen oder anderen Kreuzung anders entschieden hätten, wäre unser Leben wohl anders verlaufen. Aber wir können im Leben nur einen Weg gehen. Und das ist gut so!

Die Mutter von Lea sitzt im Gefängnis. Wenn die 12-Jährige wählen dürfte, würde sie Gott bitten, ihr noch einmal die gleiche Mama zu geben.

Ein schwuler Pfarrer hat es oft schwer gehabt: Ablehnung, Anfeindung, Angst, Selbstzweifel, Depressionen. Aber inzwischen ist er so weit, dass er kein anderer mehr sein möchte. „Wenn ich noch einmal auf die Welt käme, möchte ich wieder schwul sein. Denn meine Homosexualität hat mir zu einem vertieften Gott- und Selbstvertrauen verholfen und meine Leidenssensibilität erhöht."

Maria sitzt seit ihrem fünften Lebensjahr im Rollstuhl. Sie sagt: „Mir geht es gut." Das strahlt sie auch aus. Sie lächelt von innen, lebt in tiefem Frieden mit sich. „Meine Behinderung gehört zu mir wie meine Haarfarbe. Ohne meine Behinderung würde mir etwas fehlen. Auch im Himmel möchte ich so sein wie jetzt und im Rollstuhl sitzen."

Angenommen es gäbe noch andere Lebewesen im Universum.
„Sind wir die Einzigen im All," fragen auch sie,
nehme ich an.

Du, ja du

Schreibe die Namen
der drei Menschen auf,
die dir am nächsten stehen.

Weißt du,
warum gerade diese drei
dir so viel bedeuten?

Du stehst wohl auch
bei dem einen oder anderen
oben auf der Liste.

Denn auch du
gibst anderen mehr,
als du selber weißt.

*Es weiß keiner von uns,
was er wirkt und was er anderen gibt.
Es ist für uns verborgen und soll es bleiben.
Manchmal dürfen wir ein klein wenig davon sehen,
um nicht mutlos zu werden.*

Albert Schweitzer

Das Jawort

Noch in der Woche
war er fremdgegangen.
Nun bekommt sie ihn
als Pflegefall zurück.

Seit gut zwei Jahren
schiebt sie ihn im Rollstuhl,
badet, füttert, windelt ihn
wie selbstverständlich.

Sie liebt ihn zwar nicht mehr,
aber er ist immer noch ihr Mann.
Ihm hat sie vor vierzig Jahren
ihr Jawort gegeben.

Damals hat sie ihm versprochen,
für ihn da zu sein in guten
und in schlechten Zeiten.
„Das gilt - bis der Tod uns scheidet."

Sie gibt ihm
noch auf dem Sterbebett
das endgültige Jawort.
Über den Tod hinaus.

Mein Engel

Mein Engel
hat keine Flügel,
nur helfende Hände
und ein offenes Herz.

Mein Engel
steht fest zu mir,
und er geht mit mir
auch durch die Wüste.

Mein Engel
kommt vom Himmel her,
und nimmt mir meine Angst:
Du, ich bin bei dir.

*Auch du trägst den Engel in dir,
der das Leid mancher Menschen
liebevoll mitträgt.*

Hoffnung

Ohne Hoffnung
können wir nicht leben,
sind wir hoffnungslos verloren.

Wir hoffen das Beste,
geben die Hoffnung nicht auf.
Wir hoffen auf Hilfe,
auf Heilung, auf Besserung.

Und bleibt das Erhoffte aus,
hoffen wir wider alle Hoffnung
weiter auf ein Wunder.

Und ist dann auch der letzte
Funke Hoffnung erloschen,
schimmert durch das Dunkel
die Hoffnung durch:
Alles wird gut.

Am Ende wird alles gut.
Und wenn es noch nicht gut ist,
ist es noch nicht das Ende.

Oscar Wilde

Dennoch

Und wenn die Hoffnung
auf ein Leben nach dem Tod
nur ein frommer Wunsch ist.

Dennoch würde ich mich dann
an dieser Hoffnung festhalten,
weil sie mir Halt im Leben gibt.

Und die Hoffnung hilft mir auch,
mit dem Tod meiner Lieben zu leben
und selbst gelassen zu sterben.

Blaise Pascals Wette: Gewinn und Verlust

Man glaubt an Gott, und Gott existiert – in diesem Fall wird man belohnt: Himmel. Man glaubt an Gott, und Gott existiert nicht – in diesem Fall gewinnt man nichts, verliert aber auch nichts. Man glaubt nicht an Gott, und Gott existiert nicht – in diesem Fall gewinnt man ebenfalls nichts, verliert aber auch nichts. Man glaubt nicht an Gott, und Gott existiert – in diesem Fall wird man bestraft: Hölle

Open End

Der Eingang ins Leben
ging durch einen engen Ausgang.

Der Ausgang aus dem Leben
geht durch einen dunklen Eingang.

Und wenn es dann ins Licht geht,
ist der Exitus nur ein Übergang,
der über alles hinausgeht.

*Alles nimmt ein gutes Ende für den,
der warten kann.*

Lew Tolstoi

Nach wie vor

Die Gesunden von gestern sind
die Kranken von heute.

Die Traumbodys von heute sind
die alten Knochen von morgen.

Die Sterbenden von morgen sind
die Asche von übermorgen.

Auch den Schönen und Reichen
bleibt die blecherne Büchse.

Alle Nachkommen gehen
den Weg ihrer Vorgänger.

Jeder Tote ist ein Wegweiser,
jeder auf seine Weise
ein Weiser.

*Trotz moderner Medizin
liegt die Todesrate nach wie vor
bei hundert Prozent.*

Auf gut Deutsch

Anti-Aging –
Gegen das Älterwerden
gibt es ein gutes Gegenmittel.
Dummheit.

Austherapiert –
Auf gut Deutsch:
aussortiert, ausrangiert,
hoffnungsloser Fall.

Erblasser –
Der Gute hinterlässt
seinen Lieben eine Erbschaft
und bezahlt sie mit dem Leben.

Sarginnenausstattung –
Ein stattliches Wort
für Kissen, Matratze,
Decke, Sargbespannung.

Leichenschmaus –
die Trauergäste schmausen
genüsslich tote Tiere
und trinken auf die Leiche.

Madensack –
Martin Luthers Wort entlarvt,
was der Mensch am Ende ist,
ein stinkender Madensack.

Ein Hund der stirbt und der weiß dass er stirbt wie ein Hund und der sagen kann dass er weiß dass er stirbt wie ein Hund ist ein Mensch.

Erich Fried

Eine schöne Leiche

Das letzte Hemd ist eigentlich das Hemd,
das der Sterbende zuletzt anhat.
Aber damit kommt er nicht in den Sarg.

Gestatten, Bestatter müssen ja auch leben.
Sie kleiden den Toten todschick ein.
Kleider machen Leute. Auch noch in der Kiste.

Die Verblichenen sollen nicht zu blass aussehen.
Fliederfarbene Pietätswäsche sowie der bunte Schal
und die Fliege am Hals bringen Farbe ins Spiel.

Maria, eine 94-jährige, bescheidene Bäuerin,
lag in ihrem Sarg wie eine schlafende Prinzessin,
geschminkt, mit roten Lippen.

Auf ihrem Gesicht ein Schleier mit Spitzen.
Hätte Maria sich selbst so liegen sehen,
hätte sie sicher gesagt: „Das bin doch nicht ich."

*Tut mit mir, was ihr wollt,
aber verwechselt meine Leiche
nicht mit mir.*

Karl Jaspers

Eine saubere Sache

Die Beerdigung beerdigt.
Die Gräber begraben.
Der Friedhof –
Lass ihn ruhen in Frieden.

Keine Leiche, keine Asche,
keine Erde, kein Matsch.
Digitaler Grabstein
im Trauerportal.

Elektronische Kerzen.
Virtuelle Tränen.
Stecker raus.
Und aus die Maus.

Für immer in unseren Herzen
Deine Freunde Peter und Evi

Wochenkerze von Peter Hänsler
am 29.12.2022 erloschen

*

Ich vermisse dich.

Jahreskerze von Regina
angezündet am 20.12.2022 - brennt noch 226 Tage

Im letzten Augenblick

Ein Mann ist fest entschlossen, sich das Leben zu nehmen. Er geht zu den Gleisen, geht hin und her, legt sich auf die Schienen. Noch kann er zurück.
Von weitem sieht er den Zug anrollen. Der Tod kommt näher und näher.
Soll ich? Soll ich nicht? Ein Kampf um Leben und Tod. Bis zum letzten Augenblick.
Am Ende eines Lebens kommt vieles ins Fließen. Nicht wenige beweinen sich selbst, weinen ihrem ungelebten Leben nach. Manche ersticken fast an ihren Tränen. Andere sind so verbittert und verhärtet, dass sie nicht mehr weinen können. Auch bei Menschen, die man nie hat weinen sehen, läuft im letzten Augenblick oft noch eine Träne über die Wange.

Miri, 13, aidskrank, blind, hatte die letzte Woche vor ihrem Tod ihre Augen immer geschlossen. Aber als dann morgens um fünf Uhr ihre Stunde gekommen war, öffnete sie noch einmal ganz weit ihre olivgrünen Augen. „Ihr Blick war weit entfernt und sie lächelte so schön", sagte ihre Oma, „wie ich noch nie einen Menschen habe lächeln sehen." Dann neigte sie ihr Haupt und war tot. Mit einem Lächeln auf den Lippen lag Miri da, ganz gelöst, erlöst von allem.

Noch höher als das Ulmer Münster ist mit 185 Metern die Kochertalbrücke. Nachdem schon so viele von ihr in den Tod gesprungen sind, wurde ein hoher Zaun angebracht.

Aber auch die Jagsttalbrücke mit 80 Metern reicht. Von dort sprang ein Ehepaar, beide an Krebs erkrankt, Hand in Hand hinunter. Vielleicht haben beide im letzten Augenblick das Gelobte Land gesehen.

Viele Verstorbene sehen erleichtert, ja glücklich aus. Als hätten sie im letzten Augenblick das Licht am Ende des Tunnels gesehen. Ist ihnen im letzten Augenblick die Erleuchtung widerfahren, dass von ihnen ein solch tiefer Frieden ausgeht?

Als Manfred gestorben war, lag er da mit offenem Mund. Kein schöner Anblick. Aber in den nächsten Stunden hat Manfred von sich aus den Mund geschlossen.

Sein Gesichtsausdruck wurde zunehmend entspannt. Zum Schluss kam das Lächeln, so als ob er uns sagen würde: „Ätsch, ich weiß etwas, was ihr nicht wisst."

Post mortem

Und sind die Mediziner dann
mit ihrem Latein am Ende,
stellen sie den Exitus fest.

Post mortem, nach dem Tod
lebt die tote Sprache wieder auf:
Krematorium, Kolumbarium.

Cremare = einäschern.
Ohne Creme kremiert
aus dem Ofen kommen.

Die Laudatio, auf gut Deutsch:
die Leichenrede voller Lob.
De mortuis nihil nisi bene.

Über Tote rede man nur Gutes.
Über Lebende nur Böses,

Ha Ha - Heinrich Heine.

Ich doch nicht

Auch mit achtzig
sehe ich mich noch nicht
gebückt am Rollator gehen
oder schief im Rollstuhl sitzen.

Ich sehe mich auch noch nicht
auf dem Nachtstuhl hocken,
und höre mich noch nicht
um Hilfe rufen.

Schon eher sehe ich mich
im Sarg liegen,
er ist unser aller letztes
Möbelstück.

Obwohl ich eigentlich
tief gläubig bin,
glaube ich irgendwie immer noch,
dass ich nicht dran glauben muss.

Selbst im Hospiz
gibt es immer noch Menschen,
die glauben, lebend herauszukommen.

Gabe und Rückgabe

Martin Luther schreibt im Jahr 1524 an einen, der seine geliebte Frau verloren hat und darüber nicht hinwegkommt:
„Euer Gnaden sollen sich daran erinnern, dass Gott es selbst war, der Ihnen Ihre liebe Frau gegeben und nun auch wieder genommen hat. Sie war sein, ehe er sie Ihnen gab. Sie war immer noch sein, auch während er sie Euch gegeben hat. Sie ist auch noch sein, da er sie genommen hat. Wie wir alle es sind."
Was Luther hier schreibt, ist ein herber Trost. „Meine Frau" und „unsere Kinder" sie gehören uns nicht. Sie sind uns gegeben. „Der Herr hat es gegeben, der Herr hat es genommen, gepriesen sei der Name des Herrn". Dieser gottergebene Spruch Hiobs vermag viele Trauernde nicht zu trösten. Im Gegenteil. Sie sind zutiefst aufgebracht, weil der Herrgott ihnen das Liebste genommen hat. Was ist das für ein Gott, der Eltern ihr Kind, kleinen Kindern ihre Mutter nimmt? Über manche Todesanzeige steht: „Gott, dem Herrn hat es gefallen, ..." Ein Gott, der Gefallen am Tod von Menschen findet, soll Liebe sein?
Nach christlicher Lehre ist Gott der Herr über Leben und Tod – und wer sich selbst tötet, nimmt die Macht über sein Leben in die eigenen Hände – die Macht, die eigentlich nur Gott zusteht. Deshalb war Selbsttötung die schwerste Sünde.
Das Leben ein Geschenk Gottes. Aber was ist, wenn Menschen mit diesem Geschenk nichts mehr anfangen können und es ihnen nur noch unerträgliche Mühe macht? Darf man ein Geschenk nicht auch ablehnen und zurückgeben? Gibt es kein Rückgaberecht? Und wenn ein Geschenk an bestimmte Bedingungen gebunden ist, ist es kein Geschenk mehr.
Wenn Gott die Liebe ist, dann verlangt er von niemandem, dass er die Last seines Lebens länger trägt als er tragen kann.
Ich bin gewiss, dass Gott sehr wohl versteht, wie verzweifelt ein Mensch gewesen sein muss, um diesen letzten Schritt zu tun. Kein Mensch kann tiefer fallen als in die Hände Gottes.

Unfassbar für uns, aber wir hoffen,
dass du nun deinen Frieden gefunden hast.

Gelassen

Wer gelassen ist,
kann lassen.

Zulassen,
geschehen lassen.

Werden lassen,
sein lassen.

Es gut sein lassen,
auf sich beruhen lassen.

Loslassen,
seine Lieben frei lassen.

Sein Leben lassen,
dem Himmel überlassen.

Ein alter, reicher Chinese hatte nur noch drei Haare. Die waren ihm sehr wichtig. Sein Friseur hatte die Aufgabe, ihm jeden Morgen einen Zopf zu machen. Sorgfältig machte er dies, empfand er es doch als großes Glück, bei diesem Herrn angestellt zu sein. Eines Tages geschah das Unglück. Trotz aller Sorgfalt fielen zwei Haare aus. Zu Tode erschrocken überlegte sich der Friseur, was er tun könne, tun müsse. Er fürchtete den Zorn seines Herrn, wusste er doch, wie wichtig ihm die drei Haare waren. Schließlich raffte er sich auf, sagte, was passiert war.
Zu seinem Erstaunen reagierte der Herr ganz ruhig und sagte: „Das ist nicht so schlimm. Von heute an trage ich mein Haar offen."

Das Letzte

Wenn ich wüsste,
dass heute mein letzter Tag wäre,
was wäre das Letzte,
was ich täte?

Das Letzte, was ich täte –
mich über das Wetter ärgern
oder über die Bayern,
die wieder einmal gewonnen haben.

Das Letzte, was ich täte –
mich vor die Glotze hinhocken
oder meinen Müll
fein säuberlich trennen.

Das Letzte, was ich täte –
nach meinem Aussehen schauen
und darauf achten,
was die Leute anhaben.

Das Letzte, was ich täte –
meine Liebsten um mich sammeln
und sie fest an mich drücken,
um sie dann loszulassen.

„Komm, Petrus, nun singen wir Großer Gott wir loben dich",
sagte mir Wolfgang auf dem Sterbebett.
Im Angesicht des Todes ein Loblied singen,
das Letzte.

Letzte Worte

Im Angesicht des Todes
sagte Heinrich Heine:
Gott wird mir verzeihen.
Das ist sein Job.

Mein Leben lang
habe ich Angst gehabt.
Und jetzt das!
Karl Valentin.

Nicht wenige gehen
von dieser Welt und sagen
kein einziges Wort,
kein Sterbenswörtchen.

Wolfgang von Goethe befahl
auf dem Sterbebett:
Fensterladen auf!
Mehr Licht.

Jesu Schrei unerhört.
Mein Gott, mein Gott,
warum hast du
mich verlassen?!

Freut euch, Freunde,
die Komödie ist beendet!
Ludwig van Beethovens
Abgang von der Bühne.

Meine Mutti sagte nach dem Essen: Ab jetzt esse ich nie mehr.
Zwei Stunden später war sie tot.
So möchte auch ich den Löffel abgeben.

Das letzte Lied

Der Song *Sorry* von Tracy Chapmann wurde bei der Trauerfeier von Tamara zum Gebet. Mit diesem Lied bat Lella ihre Schwester um Vergebung für das, was sie ihr angetan hatte. *Du, manches tut mir so leid. Trag es mir nicht nach. Sorry, dass wir nicht zueinander gefunden haben und wir uns so fremd geblieben sind. Sorry.*

Armin hatte für seine Beerdigung ein paar Lieder der Böhsen Onkelz ausgesucht. Die Musik passte zwar nicht zum guten Ton, aber gehörte zu dem verschlossenen jungen Mann.

Weißt du wirklich, wer ich bin?
Wie ich denke, wie ich fühle?
Liebst du mich, weil ich es bin
oder weil ich dich belüge?

Die Top Ten der Trauerhits:

Ave Maria – Franz Schubert
Amoi seg' ma uns wieder – Andreas Gabalier
Air (aus Orchestersuite Nr. 3 in D) – Johann Sebastian Bach
Time to say goodbye – Sarah Brightman
Die Rose – Helene Fischer
My way – Frank Sinatra
So nimm denn meine Hände – Jörg-Peter Weigle
Träumerei – Robert Schumann
Halleluja – Leonard Cohen
See you again – Wiz Khalifa feat. Charlie Puth

Manche Lieder hört man nur ganz selten bei Trauerfeiern. Zum Beispiel: *Ins Wasser fällt ein Stein, ganz heimlich still und leise. Und ist er noch so klein, so zieht er doch weite Kreise.*
Dieses Lied passte gut zu Albrecht: Er hat sich nicht in den Vordergrund gespielt. Die zweite Reihe hat ihm genügt. Aber er hat die Liebe weitergegeben und das ist, was zählt.

Die 23-jährige drogenabhängige Michelle nahm zehn Tage vor ihrem Tod die beiden Lieder auf, die sie für ihre eigene Trauerfeier mit ganz schwacher Stimme sang. Es hätte uns wohl das Herz gebrochen, Michelle bei ihrer Beerdigung selbst singen zu hören. Für sie sang nun Mareike das Lied *Nein sagt sich so leicht*. Ja, wir sagen oft allzu leicht zu Menschen mit Suchtproblemen: „Du brauchst doch nur Nein zu sagen."

Orgel passte nicht zu Thomas, aber Schlagzeug, sein Lieblingsinstrument. Bei seiner Trauerfeier war es dann so, als ob der „ungläubige" Thomas das Lied von Phil Collins *In the air tonight* mitspielte und kräftig auf die Pauke haute.

Dieter, der Bariton-Solist, hatte in seinem Leben viele, viele Lieder und Arien gesungen. Aber kein Text hatte ihn so angesprochen und tief beeindruckt wie die Worte aus dem Requiem von Brahms, die nun ein Freund aus dem Opernchor Stuttgart für ihn sang:
Herr, lehre doch mich, dass ein Ende mit mir haben muss
und mein Leben ein Ziel hat, und ich davon muss.

Vera konnte sich beim Requiem ihres Mannes nicht in den Altarraum stellen und wie sonst den Chor leiten. Sie saß vorne neben ihren beiden Kindern und war in Gedanken bei Klaus, der an Krebs gestorben war. Als dann aber nach der Kommunion das Schlusslied angestimmt wurde, konnte Vera nicht mehr an sich halten, ging ans Mikrofon und sang aus vollem Herzen: *Ich halte meine Augen offen, liegt die Stadt auch fern. In die Hand hat Gott versprochen: er führt uns endlich heim. In deinen Toren werd ich stehen, du freie Stadt Jerusalem. In deinen Toren kann ich atmen, erwacht mein Lied.*
Let it be. Der Song von den Beatles ist ein gutes Abschiedslied. Lass es sein, lass es gut sein. Es bringt nichts, sich gegen das Unabänderliche aufzulehnen, damit vergeuden wir nur unsere Kraft.

Von guten Mächten treu und still umgeben,
behütet und getröstet wunderbar,
so will ich diese Tage mit euch leben
und mit euch gehen in ein neues Jahr.

Dietrich Bonhoeffer hat diesen Text zum Jahreswechsel 1944/45 in der Todeszelle geschrieben, wohl wissend, dass er demnächst hingerichtet werden würde. Am 9. April 1945 wurde der Widerstandskämpfer aus seiner Zelle geholt: „Gefangener Bonhoeffer fertigmachen und mitkommen." Da sagte er den zurückbleibenden Freunden: „Das ist das Ende, für mich aber der Beginn des Lebens" Bonhoeffer wurde nackt im Waschraum des KZ Flossenburg durch Erhängen ermordet. *Von guten Mächten wunderbar geborgen, erwarten wir getrost, was kommen mag. Gott ist bei uns am Abend und am Morgen und ganz gewiss an jedem neuen Tag.*

Das letzte Lied kann wirklich auch das letzte sein, das man erwartet. *So ein Tag so wunderschön wie heute, so ein Tag, der dürfte nie vergeh'n.* Der Trompeter spielte es bei Erwins Abschied. *So ein Tag, auf den ich mich so freute.* Es klang fast makaber, aber der 87-Jährige hatte sich schon seit Jahren mit dem Tod angefreundet und sich schon lange auf seinen letzten Tag gefreut.

Er wollte bei seiner Trauerfeier keine Rede,
keine religiösen Lieder,
nur einen Song sollte es geben:
What a wonderful world!

Immer jetzt

Wenn sie Klavier spielt,
gibt es keine Zeit,
nur den immerwährenden Moment.

Wenn er ins unfassbare All schaut,
gibt es keinen Raum,
nur das unendliche Universum.

Wenn wir das Zeitliche segnen,
gibt es weder Anfang noch Ende,
nur das ewige Jetzt.

Auch die Ewigkeit besteht aus Augenblicken.

Sprichwort

Wenn ich doch nur wüsste

Du,
was ich dir noch sagen wollte.
Ich kenne mich kaum wieder,
weiß nicht was mit mir los ist.
Ich bin unendlich dankbar,
aber auch zutiefst traurig.

Ich bin erleichtert,
dass du so hast gehen dürfen.
Trotzdem sehne, weine,
bete ich dich zurück,
wünsche dich herbei.
Du fehlst mir so.

An manchen Tagen
bin ich ganz zuversichtlich,
und glaube fest,
dass ich es allein schaffe,
doch dann fange ich an zu zittern
und bin wieder voller Angst.

Ich freue mich
an vielen kleinen Dingen
und kann auch wieder lachen
wie früher,
doch kurz darauf
ersticken mich fast die Tränen.

In manchen Momenten
bist du mir ganz nahe,
als könnte ich dich berühren,
doch dann spüre ich wieder nichts
und frag mich, wo du bist
und ob es dich noch gibt.

Gib mir doch ein Zeichen,
einen kleinen Wink.
Ach, wenn ich doch nur wüsste,
dass wir uns einmal wiedersehen,
dann hätte ich es viel leichter,
und wüsste, alles wird gut.

Ganz weit draußen am Ende des Regenbogens werde ich auf dich warten, und wenn du dann endlich kommst, werde ich sitzen bleiben mit verschränkten Armen über den Knien, damit du nicht zu früh erfährst, mit welcher Sehnsucht ich dich erwartet habe.

Unbekannt

Über den Tod hinaus

Die Sterne stehen auch tagsüber am Himmel, aber es muss erst dunkel werden, um ihr Licht leuchten zu sehen. Und so ist es auch mit uns Menschen. Solang es hell ist, sehen wir oft nicht was für ein wertvoller Mensch das ist. Aber wenn er dann nicht mehr da ist, im Dunkel der Trauer geht uns ein Licht auf. Da blicken wir erst, wer dieser Mensch eigentlich war, wie er wirklich war. Seine Eigen-art, seine eigene Art, Mensch zu sein.

Das, was diesen einmaligen, einzigartigen Menschen in seinem Innersten ausgemacht hat, das, was ihn beseelt hat, sein eigentliches Wesen, der göttliche Funke, der kann nicht verbrannt werden, der ist nicht in der Urne drin. In der Urne ist die Asche, die von seiner Hülle übriggeblieben ist. Und im Sarg ist die Leiche, die verwest, aber die ist nicht das, was dieser Mensch gewesen ist. Seine Seele leuchtet weiter, wie die Sterne, obwohl sie schon längst erloschen sind.

Das Ich des Menschen ist nicht an seinen Körper gebunden. Das ist der gemeinsame Glaube aller Religionen. Der Tod ist zwar das Ende, aber er ist nicht endgültig.

Die Verstorbenen sind nicht tot, nicht einfach verschwunden. Auch wenn unsere Lieben nicht mehr da sind, wo sie waren, so sind sie doch überall dort, wo wir sind. Sie gehen weiterhin mit uns durchs Leben. Wir können sie zwar nicht mehr anfassen, aber sie berühren uns immer noch.

Unsere Lieben können nicht mehr sprechen, aber sie haben uns noch viel zu sagen. Die stille Verbundenheit über den Tod hinaus sagt oft mehr als die gesprochenen Worte zu Lebzeiten. Ich kenne so manche, die nach dem Tod des geliebten Menschen enger, inniger mit ihm, mit ihr verbunden sind als zu Lebzeiten. Man nennt es Liebe. Und die Liebe höret nimmer auf.

Ich würde jahrtausendlang die Sterne durchwandern, in alle Formen mich kleiden, in alle Sprachen des Lebens, um dir wieder einmal zu begegnen. Aber ich denke, was sich gleich ist, findet sich bald.
Friedrich Hölderlin

Neugierig

Ich war so neugierig auf meine Eltern,
dass ich schon vier Tage früher zur Welt kam.
Das „sagt" Samuel Jonathan, ein Leichtgewicht,
süß wie die Mama und hungrig, ganz der Papa.

Nicht nur Frühchen können es nicht erwarten,
das Licht der Welt zu erblicken.
Was kommt da auf mich zu? Was wird aus mir?,
fragen Babys, begierig nach dem Neuen.

Wissbegierig: Wijsbegeerte,
das niederländische Wort für Philosophie.
Jedes Neugeborene ist erfüllt
von einem unstillbaren Wissensdurst.

Die Neugier treibt die Kleinen um,
sie wundern sich, bewundern die Wunder.
Ich war auch einmal so ein Kind,
kam aus dem Staunen nicht heraus.

Auf dem Weg zur großen Grenze
werde ich wieder ganz neugierig.
Ich bin äußerst gespannt,
was drüben auf mich wartet.

Erwarten mich meine Lieben?
Werde ich Gott schauen?
Das ewige Licht zu erblicken,
neu geboren zu werden ...

Ich lass mich überraschen.

Gegen Sätze

Der Tod
ist die Kehrseite
des Lebens.

Abwesenheit
das Gegenteil
von Anwesenheit.

Die Verstorbenen
sind nicht mehr da,
aber noch anwesend.

Und ist auch Gott
nicht anwesend
durch seine Abwesenheit?

Das können wir nicht fassen,
bis sich zu guter Letzt
alle Gegensätze auflösen.

Dann ist alles
in allem
eins.

Liebe Birgit!

Als Sozialpädagogin bist du 1980 zur Mordkommission Stuttgart gegangen. Du hast den Angehörigen oft die Todesnachricht überbracht und den Schmerz der Angehörigen hautnah miterlebt. Da ist in dir der Wunsch gewachsen, Bestatterin zu werden. Bestattungen Kuhn war dein Kind, am 1. Januar 1986 in Asperg geboren.
Schnell haben die Menschen zu dir Vertrauen gewonnen und gespürt, dass du diesen Beruf mit Leib und Seele ausfüllst.
Du hattest ein offenes Ohr und ein mitfühlendes Herz. Du hast mit den Angehörigen mitgefühlt, mitgelitten und manchmal auch mitgeweint. Dein großes Einfühlungsvermögen und deine Herzensgüte haben dich ausgezeichnet.
Bestatterin, das war deine Berufung. Du bist dem Ruf deines Herzens gefolgt, Du warst dazu berufen, für die Toten und ihre Angehörigen da zu sein.

Du hast unzähligen Verstorbenen die Augen und den Mund geschlossen, die Hände gefaltet. Ganz liebevoll hast du den Leichnam gewaschen.
Du hast den Verstorbenen ihre Lieblingskleider angezogen und gewusst, wie wichtig der Abschied am offenen Sarg oft ist. Du hast mitbekommen, wie Angehörige ihre Lieben noch einmal streicheln, sie liebkosen, ihnen einen letzten Kuss geben oder sie unter Tränen um Vergebung bitten.

Du hast Babys und Kinder eingebettet. Du hast junge Männer nach einem Motorradunfall in den Sarg gelegt. Und immer wieder auch einen Menschen, der keinen anderen Ausweg mehr gesehen hat als in den Tod zu gehen. Nichts Menschliches war dir fremd.
Du hast besser als andere gewusst, dass der Tod keinen Kalender kennt: mitten im Leben, viel zu früh.
Junge und Alte, Reiche und Arme, Christen und Muslime, Fromme und Nichtgläubige, alle hast du sie für die letzte Reise gerichtet und jeden Einzelnen mit Ehrfurcht behandelt.

Die meisten von uns haben Angst, einem Toten ins Gesicht zu sehen, ihn zu berühren. Du hattest keinerlei Berührungsängste. Du hast die Toten geliebt.

Die Angehörigen hast du entlastet, ihre Trauer mitgetragen. Du warst die starke Stütze im Hintergrund und hast alles getan, die Trauerfeier schön und würdevoll zu gestalten. So hast du den Hinterbliebenen geholfen, den geliebten Menschen loszulassen.

Es gibt nur ganz wenige Menschen, die mir so vertraut waren wie du, Birgit. Wir kennen uns schon seit meiner Zeit auf dem Hohenasperg. Da hast du mehrmals mitbekommen, wie trostlos die Beerdigung eines Gefangenen war. Ohne Angehörige. Ohne Trauerfeier. Manchmal stand ich ganz allein am Sarg.

Wir haben zusammen nicht wenige Trauerfeiern gestaltet für Aidskranke, Drogenabhängige, arme Schlucker, deren Angehörige keine Beerdigung bezahlen konnten. Du hast aber immer dafür gesorgt, dass auch der letzte Mensch noch einen würdigen Abschied bekommt.

Beerdigen war für dich auch ein Werk der Barmherzigkeit.

Am Gedenktag für verstorbene Drogenabhängige in Stuttgart hast du uns einen Sarg besorgt. Den haben wir mitten auf die Straße gestellt, um an die rund 30 Frauen und Männer zu erinnern, die jedes Jahr in Stuttgart an harten Drogen sterben.

Birgit, der Friedhof war dein Revier. Da hast du mit den Angehörigen die Ruhestätte ausgesucht und immer wieder hast du Leute getroffen, die dir ihr Leid geklagt haben. Du hast immer zugehört, wirktest nie gestresst, gehetzt, obwohl du oft mehr als genug zu tun hattest.

Du wusstest nur allzu gut: Der Tod gehört zum Leben. Aber als dann deine Mama starb, warst du total verloren. Obwohl sie so gestorben war, wie du es dir eigentlich nur hast wünschen können: in deinen Armen.

Da hast du schmerzlich erfahren, dass alles noch einmal ganz, ganz anders ist, wenn du selbst betroffen bist. Der Tod deiner Mama hat dich mitten ins Herz getroffen. Und auch nach fünf Jahren hast du sie immer noch nicht losgelassen. Ihr beide wart ganz eng und innig miteinander verbunden.

Ich sehe dich immer noch hier vorne sitzen bei der Trauerfeier deiner Mama.

Und nun steht deine Urne da, wo der Sarg deiner Mama stand. Wie oft bist du ans Grab deiner Mama Resi gegangen. Inzwischen ist auch die Urne deines Vaters drin und es war dein Wunsch, dass du zu ihnen beigesetzt wirst. Wir alle wünschen dir von ganzem Herzen, dass ihr drei nun wieder zusammen sein möget.

Du warst nur 69, aber du hast mehr Spuren hinterlassen als andere mit 96.

Nicht die Jahre in unserem Leben zählen, sondern das Leben in unseren Jahren zählt. Du hast dein Leben gelebt, bist deinen Weg gegangen und der ist nun zu Ende gegangen. Du bist aber nicht von uns gegangen, du bist uns nur vorangegangen. Und wenn wir uns dann wiedersehen, werden wir wieder weinen, Freudentränen.

Dann wird es keine Not und keinen Tod mehr geben, denn das, was einmal war, ist für immer vorbei.

Das letzte Buch der Bibel, 21.4

Josef Adieu

Liebe Angehörige, liebe Zugehörige, die wir alle mehr oder weniger zu Josef gehört haben.
Schön, dass wir hier alle beisammen sind, um unseres Josef Rüssmann zu gedenken. In der Evangelischen Kirche Münzenberg, wo Josef gerne war.
Lieber Josef. In dieser Stunde möchten wir dich noch einmal in unsere Mitte nehmen und dir ganz nahe sein. Dein Tod am 3. August kam für uns alle überraschend. Plötzlich und unerwartet.
Du Josef hast uns am Ende deines Lebens noch einen Denkzettel gegeben: Bedenke Mensch, auch du bist nur einen einzigen Herzschlag weit vom Tod entfernt. Man muss nicht schwer krank sein, um zu sterben.
So ein plötzlicher Tod ist eigentlich ein Tod erster Klasse. Was dir Josef da alles erspart geblieben ist: Bettlägerigkeit, Schmerzen, Krankenhaus, Intensivstation, Schläuche, Kanülen, die ganze Apparatemedizin.
Josef, ich freue mich für dich, dass du so gut davongekommen bist und der Tod dir so gnädig war.
Trotzdem sind wir auch tieftraurig. Denn wir werden dich niemals mehr sehen, niemals mehr durch die Tür hereinkommen sehen. Wir werden deine vertraute Stimme niemals mehr hören. Du wirst uns niemals mehr anschauen – wie auf dem Bild hier vorne. Wir werden uns niemals mehr berühren können. Es ist dieses Nie-mals-mehr, dieses Endgültige, das es uns schwer macht, dich gehen zu lassen.
Dein Tod hat uns klar gemacht, dass wir alle das nötige Alter haben. Du warst ein Jahr älter als ich, warst mir immer ein Stück weit voraus. Aber dass du vor mir gehst, der ich schwer krebskrank bin, wer hätte das gedacht?
„Es kütt wie es kütt", höre dich als Kölscher Jung sagen. „Es kütt, wie es kütt. Et hätt noch emmer joot jejange."
Zwar gibt es kein Happy End. Denn um den Tod kommt keiner herum.

Aber es ist nicht schlimm, dass wir sterben müssen. Schlimm ist nur, sterben zu müssen, ohne gelebt zu haben, ohne unser Leben gelebt zu haben.

Du Josef, du bist deinen Weg gegangen. Du hast deinen Beruf, deine Berufung gelebt, uns vorgelebt, was Nachfolge Jesu für dich bedeutet. Du warst ein Christ in der Gegenwart. Glaubwürdig.

In den letzten Jahren hattest du Phasen, da ist dir das Leben zunehmend schwergefallen. Zum Glück hattest du Menschen, die sich liebevoll um dich gekümmert haben.

Da war Sema, die immer auch dafür gesorgt hat, dass du etwas Richtiges zu essen hast. Auch Markus war dir eine wichtige Stütze und guter Freund. Er war mehrmals dein Retter in der Not. Und Claudia hat dir immer wieder auf die Sprünge geholfen.

Lorenz und Barbara waren auch immer für dich da. Du hattest stets einen starken Rückhalt in deiner Familie. Ihr habt fest zusammengehalten und du hast deinen Lieben in schweren Stunden Halt gegeben.

Es ist schön, dass Du Robert mit Doris extra aus Australien gekommen bist, um hier dabei zu sein. Du und Lorenz, ihr zwei seid nun die Einzigen, die von den sieben Kindern noch übrigbleiben. Ihr musstet schon Abschied nehmen von Bernd, Ursel, Rudolf, Martin. Und nun ist Josef von Euch gegangen, Euch vorausgegangen.

Halten wir noch ein wenig inne und verweilen wir im Stillen bei Josef.

Josef, wir sagen dir das, was wir dir noch gerne gesagt hätten.

Wir sagen dir noch etwas Liebes, etwas Nettes. Und wir sagen dir Danke für alles, was du für uns warst und bist und immer bleiben wirst.

Wer möchte kann jetzt nach vorne kommen und für Josef eine Kerze anzünden. Damit sagen wir dir Josef, dass wir dich nicht vergessen werden und über den Tod hinaus mit dir verbunden bleiben. Und mit unseren Lichtern geben wir dir auch ein wenig Licht, Wärme, Liebe zurück für alles, was du uns gegeben hast.

Und mit unseren brennenden Kerzen bringen wir auch unsere Hoffnung, unsere Zuversicht zum Ausdruck, dass du ins Licht gegangen bist. Und während wir die Kerzen anzünden, singen wir das Taizé-Lied:

Meine Hoffnung und meine Freude,
meine Stärke, mein Licht:
Christus meine Zuversicht,
auf dich vertrau ich und fürcht' mich nicht,
auf dich vertrau ich und fürcht' mich nicht.

Jede Kerze, die wir für dich Josef angezündet haben ist wie ein stilles Gebet, das aus unserem Herzen zu dir aufsteigt, wo immer du jetzt bist.

Wir Menschen sind wie Kerzen, kleine Lichter sind wir. Wir sind auf der Welt, damit es durch uns ein wenig wärmer, heller wird und menschlicher zugeht in unserer manchmal so kalten Welt. Du, Josef, hast dein Licht zum Leuchten gebracht. Dein Lebenslicht ist nun erloschen, aber dein Licht leuchtet weiter in unseren Herzen.

Schauen wir noch ein wenig auf dein Leben zurück, Josef. Du warst ein Kriegskind, kamst am 21. Februar 1942 in Grünberg/Schlesien zur Welt.

1945 mussten deine Eltern und Geschwister fliehen. Ihr kamt nach Halle an der Saale.

Als du acht warst, hat deine Familie sich in den Westen abgesetzt. Dein Vater fand in Köln eine Anstellung als diplomierter Handelslehrer.

Ein Jahr später verstarb er an den Folgen eines Kriegsleidens. Da stand deine Mutter alleine da mit sieben Kindern. Und du als vierter Bub mittendrin.

Du hast zuerst einmal eine Lehre als Textilkaufmann in Köln gemacht. Doch dann hast du wohl gemerkt, dass im Leben nicht nur Zahlen zählen. Es gibt wichtigeres als Kleider und Klamotten.

Du warst kurz im Noviziat bei den Pallottinern in Limburg und dann bist du nach Neuss ins Abendgymnasium gegangen. Vier Jahre

Latein pauken und nebenbei arbeiten. Danach gingst du ins Priesterseminar nach Mainz. Dort haben wir uns damals kennengelernt. Du, Josef, hast dich schon im Priesterseminar zu den Gefangenen hingezogen gefühlt. Du gingst schon regelmäßig Jugendliche in der Mainzer U-Haft besuchen. Deine Primiz hast du im Mainzer Knast gefeiert.

Von Anfang an hast du gezeigt, dass du dich als Priester vor allem um die Menschen am Rande kümmern willst. Auf deinen Wunsch hin hat Kardinal Volk dich 1976 zum Gefängnispfarrer von Rockenberg ernannt. Und gleichzeitig hattest du noch die Gemeinden Münzenberg, Eberstadt und Rockenberg.

Ich habe mich oft gefragt: Wie schaffst du das alles? So viele Erwartungen, so viele Verpflichtungen, so viele Aufgaben zu meistern? Und dann hattest du auch noch die Wohngemeinschaft für strafentlassene Jugendliche in Bad Nauheim. Da warst du oft bis abends spät.

Und dann warst du so „nebenbei" auch noch Vorsitzender der Bundeskonferenz der Gefangenenseelsorge. Die Kolleginnen und Kollegen haben dich sehr geschätzt. Deine ruhige, besonnene Art war wohltuend. Dein Wort hatte Gewicht. Du hattest was zu sagen. Und so wurdest du nach vier Jahren wieder gewählt.

Dein halbes Leben, 32 Jahre lang bist du den schwarzen Schafen unserer Gesellschaft bis hinter die Gefängnismauer nachgegangen. Du warst ein guter Hirte. Du hast dich nachhaltig für die Gefangenen eingesetzt. Du warst ihr Anwalt. Die Jungs hatten Vertrauen zu dir.

Josef, du hast sehr wertschätzend über Gefangene gesprochen und ihnen Hochachtung und vollen Respekt gezollt, auch beim Scheitern.

Nicht werten, wertschätzen. Das war dein Punkt. Du hast auch uns Laientheologen, die wir keine Weihe haben, immer wertgeschätzt.

Für dich waren wir gleichwertig. Du warst zwar mit Leib und Seele Priester, aber alles andere als ein Kleriker.

Ich war 51 Jahre verheiratet, du hast 51 Jahre ehelos gelebt. Der Zölibat wäre für mich nichts gewesen und auch die Josefs-Ehe nicht.
Josef, du lebst zweimal: zu Lebzeiten und in der Erinnerung. Wir denken an manches zurück, was wir mit dir erlebt haben. Das eine oder andere Wort von dir haben wir immer noch im Ohr.
Josef, wenn du nicht in den Himmel kommst, dann gibt es keinen. Nein, ich will dich nicht heiligsprechen. Durch zu viel Weihrauch werden selbst Heilige rußig. Ein rußiger Rüssmann – das passt nicht zu dir Josef, du warst immer sauber, mit allen Wassern gewaschen.
Du hast mir deinen alten Computer angedreht, obwohl ich so ein Teufels-Ding eigentlich nicht haben wollte. Inzwischen bin ich froh, denn sonst säße ich immer noch mit meinem Tippex da, und jetzt mache ich einfach klick – und all meine Fehler sind gelöscht. – Danke Josef! Wenn das mit unseren Sünden doch auch so einfach ginge! Klick und weg sind sie!
Josef, Du hattest einen trockenen Humor und konntest auch dich selbst auf die Schippe nehmen. Humor ist, wenn man trotzdem lacht, trotz seiner selbst. Ohne Humor trocknen wir aus, sind wie Blumen ohne Wasser.
Im Seminar in Mainz haben wir dich „die Mösch" genannt, nach dem Kölner Karnevalslied von Willy Ostermann: „Wie kütt die Mösch, die Mösch, die Mösch bei uns in der Küch?" Nun bist du uns davongeflogen, bist frei wie ein Vogel, schwebst auf deiner Seele Flügel dahin, heimwärts, in die ewige Heimat.
Du siehst jetzt, weißt jetzt, was wir nur glauben, nur ahnen können. Mit deinem Abflug erinnerst du uns noch einmal eindringlich an die Worte des Psalm 90: *Herr, lehre uns unsere Tage zählen, damit wir ein weises Herz gewinnen.*
Als Kinder unserer Zeit zählen wir nicht die Tage, wir rechnen nur in Jahren, feiern die runden Geburtstage.

Seit meinem 80 Geburtstag zähle ich meine Tage: Es sind heute am 11. August 29.469 Tage. Und jeder Tag zählt, zählt 24 Stunden und zahllose einmalige Augenblicke. Jetzt, nachdem mir bewusst ist, dass meine Tage gezählt sind, weiß ich erst richtig, wie schön es ist zu leben. Ich erlebe jeden neuen Tag als eine Zugabe, zu meinem reichen Leben noch dazu gegeben. Ja, das Bewusstsein unserer Endlichkeit lehrt uns, endlich zu leben: Heute ist der Tag!
Josef, auch wenn du nur 81 geworden bist, hast du dein Leben voll und ganz gelebt, hast es in der Tiefe erlebt, du hattest ein Gespür für die spirituelle Spur unseres Daseins. Du hattest ein Auge für das Unsichtbare, Verborgene. Du hast Spuren hinterlassen, das spüren wir hier bei deinem Abschied.
Wir lassen dich gehen, und winken dir nach. Wir danken dem Himmel, dass er uns dich gegeben hat. Ohne dich wären wir ärmer gewesen. So ist es. Amen.

Lieber Josef,

die Gedenkfeier in Münzenberg war das Letzte, was ich für dich tun konnte, aber das Letzte muss ja nicht das Letzte sein.

*Ich kann weiter mit dir reden,
du kannst im Traum zu mir kommen,
wir können uns wieder sehen.*

Kürzlich erschienen im Verlag Dignity Press

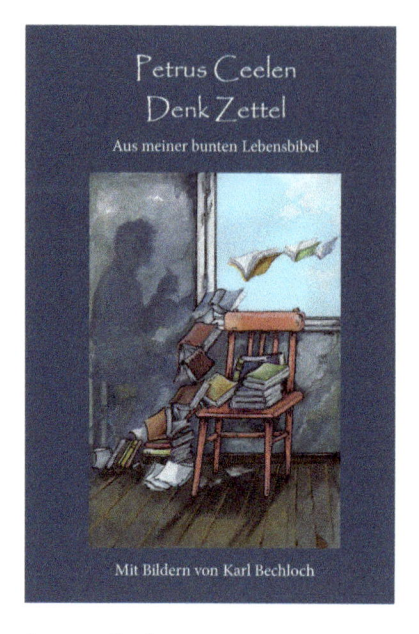

Petrus Ceelen
DenkZettel

Aus meiner bunten Lebensbibel

2021, 141 Seiten
ISBN 978-1-937570-13-2

„Petrus, der Rückblick auf dein Leben, wie deine Texte seit jeher: humorvoll, ehrlich und tiefgründig, dass einem beim Lesen die Worte fehlen, dafür die Augen feucht macht - man merkt, der redet ja vielleicht von mir selbst."
— *Wolfram Kaier, Seelsorger*

Petrus Ceelen
Dankzettel

Wie Worte weiter wirken

2022, 142 Seiten
ISBN 978-1-937570-02-6

Wie Worte weiterwirken, davon erzählen Weggefährten, Frauen und Männer in verschiedensten Lebenslagen, Menschen hinter Gittern ... Ganz persönliche Geschichten, mit Herzblut geschrieben, Briefe, Dankzettel, die zu denken geben.

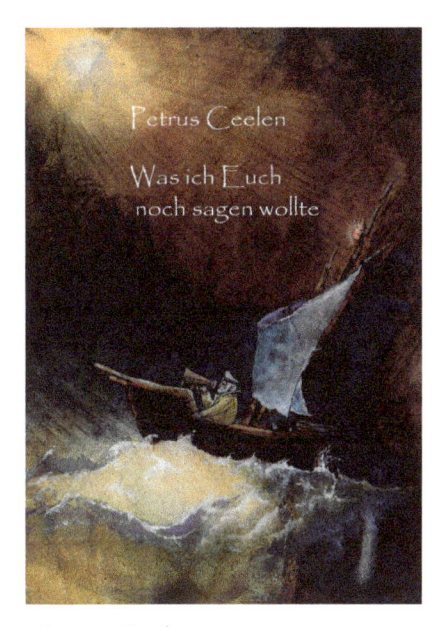

Petrus Ceelen

Was ich Euch noch sagen wollte

2022, 118 Seiten
ISBN 978-1-937570-08-8

Was Petrus Euch noch sagen wollte: „Meine Lieben. Ich möchte Euch noch einmal berühren und auch ein paar Nüsse zu knacken geben." Knackig. Körniges Denkfutter zum Durchkauen, gewagte Worte zum Wiederkäuen. Weckrufe. Wachrüttler.

Milton Keynes UK
Ingram Content Group UK Ltd.
UKHW022239290224
438638UK00001BA/9